# China
# 차이나 파노라마
# Panorama

-입문편-

语文出版社，2001年 6月
原著作版权归语文出版社所有

中华人民共和国教育部
对外汉语教学发展中心 组编审订

顾问：姜明宝 吕必松
主编：吕必松
编者：李爽 陈莉
语文出版社授权韩国东洋文库出版版本和出版范围

中央广播电视大学音像出版社
原著作版权归中央广播电视大学音像出版社所有
全部著作由中华人民共和国对外汉语教学发展中心 组编审订

《中国全景 - 初级汉语》
主编：吕必松
录音，剪辑：梁徐承

《中国全景 - 中级汉语》
主编：吴叔平
录音，剪辑：梁徐承

《中国全景 - 汉语语音导入》
主编：吴叔平
录音，剪辑：梁徐承

# 차이나 파노라마 입문편

초판 1쇄 2003년 4월 7일 | 초판 9쇄 2007년 7월 27일
저자 중국인민공화국 교육부 · 대외한어교육발전센터 | 발행인 김태웅 | 발행처 동양문고
편집 강은하 | 디자인 안성민 | 영업 이길구, 김부현, 김지현, 박종원, 이용주, 한승엽 | 제작 이시우
등록일자 1993년 4월 3일 | 등록번호 제 10-806호
주소 (121-841) 서울시 마포구 서교동 463-16호 | 전화 (02)337-1737 | 팩스 (02)334-6624
http://www.dongyangbooks.com | ISBN 89-8300-316-2 03720

# 머리말

「차이나 파노라마」는 중화인민공화국 교육부 · 대외한어 교육 발전 센터에서 중국어 교육에 종사하는 교수 및 전문가를 초빙하여 편찬한 교재시리즈이다.

중국에서 최초로 국외의 중국어 학습자를 위해 특별 제작한 대규모 텔레비전 시리즈 교재물로, 중국어를 모국어로 하지 않는 중국어 학습자에게 이상적인 학습서이다.

「차이나 파노라마」 입문편은 중국어 발음에 대한 약간의 이해만 있으면 누구나 학습이 가능하다. 「차이나 파노라마」 입문 · 기초회화편 · 생활회화편을 배우고 나면 1,000개 정도의 기본 어휘와 200개 남짓의 구형, 3,000여 개의 상용구문을 익힐 수 있고 일상생활에서의 간단한 회화는 능히 대처할 수 있다.

## 본 교재의 구성

**핵심문장** 매 과의 가장 핵심적인 부분을 선별하여 그 과에서 배울 내용을 미리 정리하였다.

**새단어** 매과의 회화문 학습에 필요한 단어를 먼저 제시하여 회화문을 쉽게 이해할 수 있도록 하였다. 입문편에 제시되는 단어는 일상생활에 많이 쓰이는 활용도 높은 어휘들이다.

**회화** 1과에 등장하는 팡쉐친이라는 주인공을 중심으로 1과에서 20과까지 스토리가 이어진다. 매과마다 주제가 있고, 그 주제에 따라 이야기가 흥미진진하게 전개 된다.

**본문해설** 본문에 나와 있는 중요한 단어, 구형, 어법들을 알기 쉽게 풀어 설명하였고, 예를 충분히 들어서 학습자가 기본 단어 및 구의 용법을 정확히 알고 사용할 수 있게 하였다.

**문형연습** 매과의 주요 문형들을 마지막으로 연습해 볼 수 있는 부분으로 모든 문제와 해답까지 녹음되어 있다.

**간체자 쓰기** 간체자와 번체자가 틀린 글자들을 연습해 볼 수 있다.

**중국 문화 마당** 언어 뿐아니라 문화적인 배경의 이해를 통해 중국의 여러가지 볼거리와 특징적인 것들을 모아놓아 학습이 지루해지지 않게 배려하였다.

# 차례

# 인물소개

**

팡쉐친

리원롱

팡쉐친의 어머니

팡쉐친의 아버지

류 부장

양리
(류부장의 비서)

짜오텐휘

텐홍깡

띵루루

팡쉐송
(팡쉐친의 오빠)

# 开始

- 시작 -

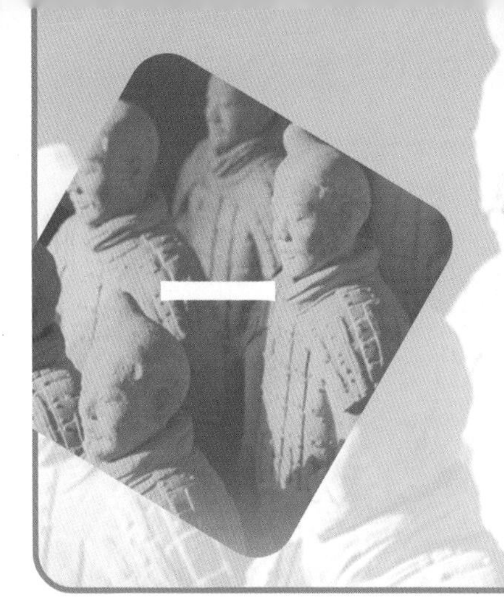


# 你好！
Nǐ Hǎo!
안녕!

## 핵심표현

**1 인사**

你好！
Nǐ hǎo!
| 안녕!

您好！
Nín hǎo!
| 안녕하세요!

**2 소개**

我叫方雪芹。
Wǒ jiào Fāng Xuěqín.
| 저는 팡쉐친입니다.

她叫杨丽。
Tā jiào Yáng Lì.
| 그녀는 양리입니다.

**3 환영**

欢迎！
Huānyíng
| 환영합니다.

欢迎你！
Huānyíng nǐ
| 당신을 환영합니다.

### 새단어

- 您 [nín] 당신 (상대방의 존칭)
- 好 [hǎo] 좋다
  您好 [nín hǎo] 안녕하세요
- 经理 [jīnglǐ] 부장, 지배인, 매니저
  刘经理 [Liú jīnglǐ] 류 부장(지배인)
- 你 [nǐ] 너, 당신
- 我 [wǒ] 나
- 叫 [jiào] ~이라고 부르다
- 欢迎 [huānyíng] 환영(하다)
- 她 [tā] 그녀

**| 고유명사 |**

- 方 [Fāng] 팡(성씨)
- 方雪芹 [Fāng Xuěqín] 팡쉐친(인명)
- 刘 [Liú] 류(성씨)
- 杨 [Yáng] 양(성씨)
- 杨丽 [Yáng Lì] 양리(인명)

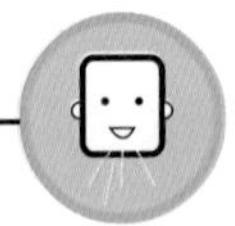

## 회화

처음 만났을 때 어떻게 중국어로 인사할까? 알지 못하는 사람에게 어떻게 자기의 이름을 소개할까?

(팡쉐친은 오늘 첫 출근을 해서 류 부장님을 찾아간다.)

方雪芹_ 您好!
Nín hǎo!

刘经理_ 你好!
Nǐ hǎo!

方雪芹_ 我叫方雪芹。
Wǒ jiào Fāng Xuěqín.

刘经理_ 欢迎你!
Huānyíng nǐ!

(비서 양리가 들어온다)

刘经理_ (팡쉐친에게 소개해준다) 她叫杨丽。
Tā jiào Yáng Lì.

方雪芹_ 你好! 我叫方雪芹。
Nǐ hǎo! Wǒ jiào Fāng Xuěqín.

杨 丽_ 你好! 欢迎你!
Nǐ hǎo! Huānyíng nǐ!

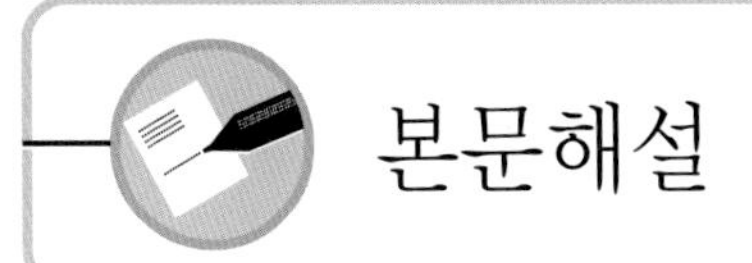

# 본문해설

**1** 你好、您好

일상적으로 쓰는 인사말이다. 하루 중 언제든지 사용이 가능하며, 모르는 사람이든 아는 사람이든 관계없이 사용할 수 있다. 대답 또한 "你好"나 "您好"로 한다.

＊ "您"은 "你"에 대한 존칭어이다.

**2** 중국 한족의 성과 이름

중국 한족의 이름도 성이 앞에 오고 이름이 뒤에 온다. 다음 두 사람의 이름을 보면 "方(팡)"과 "杨(양)"은 성이고, "雪芹(쉐친)"과 "丽(리)"는 이름이다.

예 方 雪芹。 | 팡쉐친
Fāng Xuěqín.

杨 丽。 | 양리
Yáng Lì.

**3** 叫 jiào

"~라고 부르다(~이다)"라는 뜻으로 이름을 끌어내는 데 쓰인다.

예 我叫 方雪芹。
Wǒ jiào Fāng Xuěqín.
| 저는 팡쉐친이라고 합니다.

她叫 杨丽。
Tā jiào Yáng Lì.
| 그녀는 양리라고 합니다.

**4** 환영 하기

친구 혹은 손님을 환영할 때는 "欢迎！" 또는 "欢迎你(您)！"라고 한다.

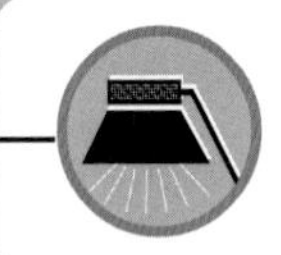

# 문형연습

## 1 보기와 같이 문장을 완성하세요.

| 보 기 |

方雪芹_ 你们 好! 我叫 方 雪芹。
Nǐmen hǎo! Wǒ jiào Fāng Xuěqín.
| 여러분 안녕하세요! 저는 팡쉐친이라고 합니다.

学生 _ 她叫 方 雪芹。
Tā jiào Fāng Xuěqín.
| 그녀는 팡쉐친입니다.

① 方雪松_ 你们 好! 我 叫 方 雪松。
Nǐmen hǎo! Wǒ jiào Fāng Xuěsōng.

学生 _ 他____________________。
Tā ____________________.

② 方雪芹_ 我 哥哥 叫 方 雪 松。
Wǒ gēge jiào Fāng Xuěsōng.

学生 _ 她____________________。
Tā ____________________.

③ 方雪松_ 我 妹妹 叫 方 雪芹。
Wǒ mèimei jiào Fāng Xuěqín.

学生 _ 他____________________。
Tā ____________________.

④ 方母 _ 这是我儿子和女儿。
Zhè shì wǒ érzi hé nǚ'ér

学生 _ 这是 __________ 和__________。
Zhè shì __________ hé __________.

方母 _ 我儿子叫方雪松。
Wǒ érzi jiào Fāng Xuěsōng.

学生 _ 她 ____________________。
Tā ____________________.

**보충단어**

- 学生 [xuésheng] 학생
- 哥哥 [gēge] 오빠(형)
- 妹妹 [mèimèi] 여동생
- 方母 [Fāng mu] 팡쉐친 어머니
- 母 [mǔ] 모친

| 고유명사 |

- 方雪松 [Fāng Xuěsōng] 팡쉐송

**

方母＿ 我女儿叫方雪芹。
Wǒ nǚ'ér jiào Fāng Xuěqín.

学生＿ 她＿＿＿＿＿＿＿＿＿＿＿＿＿＿。
Tā ＿＿＿＿＿＿＿＿＿＿＿＿＿＿.

## 2 말하는 사람에게 환영을 표시해 보세요.

| 보 기 |

方雪芹＿ 你们好！ 我叫方雪芹。
Nǐmen hǎo! Wǒ jiào Fāng Xuěqín.
| 여러분 안녕하세요! 저는 팡쉐친이라고 합니다.

学生＿ 欢迎你，方 雪芹！
Huānyíng nǐ, Fāng Xuěqín!
| 환영합니다. 팡쉐친씨!

① 方雪松＿ 你们 好！ 我 叫 方 雪 松。
Nǐmen hǎo! Wǒ jiào Fāng Xuěsōng.

学生 ＿＿＿＿＿＿＿＿＿＿＿＿＿＿。

② 甲,乙＿ 你们 好！
Nǐmen hǎo!

学生 ＿＿＿＿＿＿＿＿＿＿＿＿＿＿。

③ 甲 ＿ 这是 刘 经 理。
Zhè shì Liú jīnglǐ.

学生 ＿＿＿＿＿＿＿＿＿＿＿＿＿＿。

④ 乙 ＿ 这是 杨 丽。
Zhè shì Yáng Lì.

学生 ＿＿＿＿＿＿＿＿＿＿＿＿＿＿。

보충단어

- **这**
[zhè]
이(이것)
- **这是**
[zhè shì]
이것은 ~ 입니다

## 문형연습

**

⑤ 甲 _ 我叫赵天会。
Wǒ jiào Zhào Tiānhuì.

学生 ______________________________ 。

⑥ 乙 _ 他叫田洪刚。
Tā jiào Tián Hónggāng.

学生 ______________________________ 。

보충단어

| 고유명사 |

- 赵天会 [Zhào Tiānhuì] 쨔오텐훼
- 田洪刚 [Tián Hónggāng] 텐홍깡

### 간체자연습

| 经 jīng · 經 | 经 | 经 | 经 | 经 | 经 | 经 |
|---|---|---|---|---|---|---|
| 欢 huān · 歡 | 欢 | 欢 | 欢 | 欢 | 欢 | 欢 |
| 杨 yáng · 楊 | 杨 | 杨 | 杨 | 杨 | 杨 | 杨 |

# 这是小方。

Zhè Shì Xiǎo Fāng.

이 사람은 샤오 팡입니다.

## 핵심표현

**

### 1 소개하기

**这 是 小方。**
Zhè shì Xiǎo Fāng.
| 이 사람은 샤오 팡입니다.

**단어+**

| | | | | | |
|---|---|---|---|---|---|
| **我** | [wǒ] | 나, 저 | **我们** | [wǒmen] | 우리들 |
| **你** | [nǐ] | 너, 당신 | **你们** | [nǐmen] | 너희들 |
| **他** | [tā] | 그 | **他们** | [tāmen] | 그들 |
| **她** | [tā] | 그녀 | **她们** | [tāmen] | 그녀들 |

### 새단어

- **这** [zhè] 이것
- **是** [shì] ~이다
- **小** [xiǎo] 작다, 어리다
- **们** [men] ~들(인칭)
  - **你们** [nǐmen] 당신들
- **大家** [dàjiā] 모두
  - **大** [dà] 크다
  - **家** [jiā] 집, 가족
- **老** [lǎo] 늙다, 나이많다
- **他** [tā] 그

**| 고유명사 |**

- **方** [Fāng] 팡(성씨)
- **赵** [Zhào] 짜오(성씨)
  - **老赵** [Lǎo Zhào] 라오 짜오
  - (**老+姓** : 나보다 윗사람에 대한 예의의 호칭)
- **赵天会** [Zhào Tiānhuì] 짜오톈휘(인명)
- **田** [Tián] 톈(성씨)
- **田洪刚** [Tián Hónggāng] 톈훙깡(인명)

## 회화

**

어떻게 서로를 소개할까? 류 부장이 팡쉐친을 어떻게 소개하는지 살펴보자.

(류 부장이 여러 직원에게 팡쉐친을 소개한다.)

刘经理 — 这是小方。
Zhè shì Xiǎo Fāng.

方雪芹 _ 你们好！我叫方雪芹。
Nǐmen hǎo! Wǒ jiào Fāng Xuěqín.

大　家 _ 欢迎，欢迎！
Huānyíng, huānyíng!

刘经理 _ 这是老赵。
Zhè shì Lǎo Zhào.

赵天会 _ 你好！我叫赵天会。
Nǐ hǎo! Wǒ jiào ZhàoTiānhuì.

方雪芹 _ 您好！
Nín hǎo!

刘经理 _ 他叫田洪刚。
Tā jiào Tián Hónggāng.

田洪刚 _ 你好！
Nǐ hǎo!

# 본문해설

**

## 1 호칭(1)

친숙함의 표현으로 젊은 사람을 부를 때 성씨 앞에 종종 "小"를 붙여 사용한다.

小 + 姓

小 方 [Xiǎo Fāng] | 샤오 팡

小 杨 [Xiǎo Yáng] | 샤오 양

小 田 [Xiǎo Tián] | 샤오 톈

친숙함의 표현으로 중년 이상의 사람을 부를 때 성씨 앞에 "老"를 붙여 사용한다.

老 + 姓

老 赵 [Lǎo Zhào] | 라오 짜오

老 刘 [Lǎo Liú] | 라오 류

老 王 [Lǎo Wáng] | 라오 왕

## 2 他 와 她

"他"는 남성에게 쓰고 "她"는 여성에게 쓴다.

예 她叫 杨 丽。
Tā jiào Yáng Lì.
| 그녀는 양리입니다.

他叫 田 洪刚。
Tā jiào Tián Hónggāng.
| 그는 톈홍깡입니다.

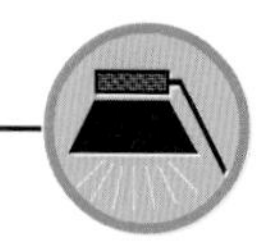

# 문형연습

## 1 보기와 같이 문장을 완성하세요.

| 보기 |

方雪芹_ 这是我爸爸。 | 이분은 저의 아버지입니다.
Zhè shì wǒ bàba.

学生 _ 这是她爸爸。 | 이분은 그녀의 아버지입니다.
Zhè shì tā bàba

① 方雪芹_ 这是我妈妈。
Zhè shì wǒ māma.

学生 _ 这是 ________________ 。
Zhè shì ________________ .

② 方雪芹_ 这是我爸爸和妈妈。
Zhè shì wǒ bàba hé māma.

学生 _ 这是 ________________ 。
Zhè shì ________________ .

③ 方雪芹_ 这是我哥哥。
Zhè shì wǒ gēge.

学生 _ 这是 ________________ 。
Zhè shì ________________ .

④ 方雪芹_ 我是他妹妹。
Wǒ shì tā mèimei.

学生 _ 她是 ________________ 。
Tā shì ________________ .

**보충단어**

- **爸爸** [bàba] 아버지, 아빠
- **妈妈** [māma] 어머니, 엄마
- **和** [hé] ~와

**

## 2 보기와 같이 문장을 완성하세요.

| 보기 |

方母 _ 这是我女儿。 | 이 사람은 저의 딸입니다.
Zhè shì wǒ nǚ'ér.

学生 _ 这是她女儿。 | 이 사람은 그녀의 딸입니다.
Zhè shì tā nǚ'ér.

① 方母 _ 这是我儿子。
Zhè shì wǒ érzi.

学生 _ 这是 ______________________。
Zhè shì ______________________.

② 方母 _ 这是我儿子和女儿。
Zhè shì wǒ érzi hé nǚ'ér.

学生 _ 这是 ______________________。
Zhè shì ______________________.

③ 方母 _ 这是老方，他是我丈夫。
Zhè shì Lǎo Fāng, tā shì wǒ zhàngfu.

学生 _ 他是 ______________________。
Tā shì ______________________.

④ 方母 _ 我是他妻子。
Wǒ shì tā qīzi.

学生 _ 她是 ______________________。
Tā shì ______________________.

**보충단어**

- 女儿 [nǚ'ér] 딸
- 儿子 [érzi] 아들
- 丈夫 [zhàngfu] 남편
- 妻子 [qīzi] 아내

# 신문

중국은 사회주의 국가이면서도 신문 · 잡지의 종류가 매우 많으며 사회 생활 전반을 총망라한다. 중국에서 신문이나 잡지를 구독하고 싶으면 신문사나 잡지사에 구독 신청을 하는 우리와는 달리 우체국에서 구독신청을 해야 한다. 일반 독자 대상의 신문이나 잡지라면 신문 가판대에서 살 수도 있지만, 전문성이 강하거나 독자층이 넓은 신문과 잡지는 우체국을 통해서만 구독이 가능하다.

주요 신문 몇 가지를 살펴보면 일간지로는 "人民日报 Rénmín rìbào인민일보", "经济日报 Jīngjì rìbào경제일보", "中国青年报 Zhōngguó qīngniánbào중국청년보" 등이 있고, 주간지로는 "南方周末 Nánfang zhōumò남방주말" 등이 있다. 또 "北京晚报 Běijīng wǎnbào북경만보"처럼 각 대도시마다 발행되는 석간신문도 있다.

人民日報
RENMIN RIBAO
江泽民主席与桑帕约总统会
中国政府对澳门问题的

经濟日報
ECONOMIC DAILY 第223期
B1 理论周刊

中國青年報
CHINA YOUTH DAILY
10月25日
网址: WWW.CYD.COM.CN
中法元首就广泛问题深入交谈
江泽

# 您贵姓?
Nín guì xìng?
성이 어떻게 되십니까?

## 핵심표현

**1 사람 찾기**

**我 找 王 经理。**
Wǒ zhǎo Wáng jīnglǐ
| 저는 왕 부장님을 찾습니다.

**2 예의있게 상대방의 성(姓) 묻기**

**您 贵 姓?**
Nín guì xìng?
| 성이 어떻게 되십니까?

**3 다른 사람에게 어떤 일을 요청하기**

**请 稍 等。**
Qǐng shāo děng.
| 잠시 기다려 주십시오.

### 새단어

- **找** [zhǎo] 찾다
- **秘书** [mìshū] 비서
- **小姐** [xiǎojiě] 아가씨, 미스
- **贵** [guì] 귀하다(성씨를 물을 때의 존칭)
- **姓** [xìng] 성
  **您贵姓** [nín guì xìng] 당신은 성이 어떻게 되십니까
- **请** [qǐng] 요청하다, 청하다
- **稍等** [shāoděng] 잠시 기다리다
  **稍** [shāo] 잠시, 잠깐
  **等** [děng] 기다리다
- **进** [jìn] 들어오다
- **坐** [zuò] 앉다

**| 고유명사 |**
- **王** [Wáng] 왕 (성씨)

## 회화 **

어떻게 예의 있게 상대방의 성(姓)을 물어볼가? 어떻게 예의 있게 손님을 접대할까?

(팡쉐친은 어느 회사에 가서 왕 부장을 방문한다.)

方雪芹_ 你好!
Nǐ hǎo!

秘　书_ 你好!
Nǐ hǎo!

方雪芹_ 我找王经理。
Wǒ zhǎo Wáng jīnglǐ.

秘　书_ 小姐,您贵姓?
Xiǎojiě, nín guì xìng?

方雪芹_ 我姓方。我叫方雪芹。
Wǒ xìng Fāng. Wǒ jiào Fāng xuěqín.

秘　书_ 方小姐,请稍等。
Fāng xiǎojiě, qǐng shāo děng.

(비서가 부장님실에 전화한다.)

秘　书_ 王经理,方雪芹小姐找您。方小姐,请进。
Wáng jīnglǐ, Fāng xuěqín xiǎojiě zhǎo nín. Fāng xiǎojiě, qǐng jìn.

(팡쉐친이 부장님실로 들어간다)

方雪芹_ 王经理,您好!
Wáng jīnglǐ, nín hǎo!

王经理_ 你好! 请坐。
Nǐ hǎo! Qǐng zuò.

# 본문해설

**

## 1 호칭(2)

사회지위의 직무 혹은 직명이 있을 때, “성+직무/직명”의 형식으로 호칭하여 존중을 나타낸다.

예 王 经理 [Wáng jīnglǐ] 왕 부장님　　赵 大夫 [Zhào dàifu] 짜오 의사선생님

方 老师 [Fāng lǎoshī] 팡 선생님(교사)　　杨 教授 [Yáng jiàoshòu] 양 교수님

## 2 사람찾기

어떤 곳에 가서 사람을 찾을 때에는 “我找…(저는 ~를 찾습니다)”라고 말한다.

예 我找 王 经理。
Wǒ zhǎo Wáng jīnglǐ
| 저는 왕 부장님을 찾습니다.

## 3 이름묻기

“您贵姓”은 예의 있게 상대방에게 성(姓)을 물을 때 쓴다. 대답할 때에는 “我姓…(저의 성은 ~입니다)”라고 대답하며, 이어서 “我叫…(저는 ~라고 합니다)”라고 대답하기도 한다.

예 您 贵 姓?
Nín guì xìng?
| 성이 어떻게 되십니까?

我 姓 方,叫 方 雪芹。
Wǒ xìng Fāng, jiào Fāng Xuěqín.
| 제 성은 팡이고, 팡쉐친이라고 합니다.

## 4 请 + 동사

매우 예의있게 다른 사람에게 무슨 일을 하라고 요청할 때 쓰는 표현이다.

예 请 进。| 들어오세요.
Qǐng jìn.

请 坐。| 앉으세요.
Qǐng zuò.

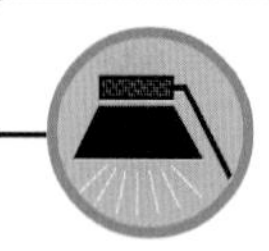

# 문형연습

**1** 그림을 보며 보기와 같이 다음 문장을 완성하세요.

| 보 기 |

**请 稍 等。**

Qǐng shāo děng.

잠시 기다리세요.

① 请 ________________。

Qǐng ________________.

② 请 ________________。

Qǐng ________________.

③ 请 ________________。

Qǐng ________________.

④ 请 ________________。

Qǐng ________________.

**보충단어**

- **喝** [hē] 마시다
- **茶** [chá] 차
- **吃** [chī] 먹다
- **水果** [shuǐguǒ] 과일

## 2 다음을 중국어로 바꾸시오.

① 저는 류 부장님을 찾습니다.

______________________________。

② 잠시 기다려주세요.

______________________________。

③ 성이 무엇입니까?

______________________________。

④ 저의 성은 왕(王)이고 이름은 왕쉐(王学)입니다.

______________________________。

| 고유명사 |

- **王学**
  [Wáng Xué]
  왕쉐(인명)

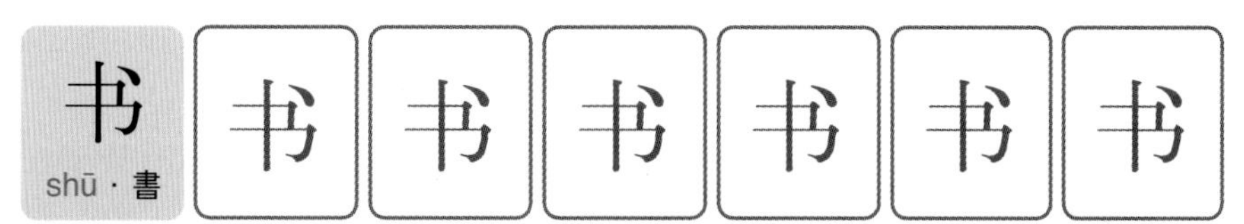

| 문 | 화 | 마 | 당 |

# 음식점

중국인은 나는 것 중엔 비행기, 다리 달린 것 중엔 책상만 빼고 죄다 먹는다는 말이 생겨났을 만큼 중국은 음식 문화가 발달되어 있다. 음식의 역사가 유구하고 종류도 많은 만큼 길을 걷다 식사하러 들어갈 곳도 많으며 그 명칭도 다양하다.

"饭馆 fànguǎn"과 "餐厅 cāntīng"은 가장 일반적으로 사용되는 명칭으로, 이러한 곳들은 그다지 크지 않고 음식도 주로 집에서 일상적으로 먹는 요리가 대부분이다. 또한 양이 많은 편이라 '끼니걱정'을 해결하고 싶다면 이곳에 가는 것이 가장 바람직하다.

"饭庄 fànzhuāng"의 규모는 앞의 두 곳보다 조금 더 크며 환경이나 요리의 등급이 약간 높은 편인 식당이다.

"酒家 jiǔjiā", "酒楼 jiǔlóu"의 "酒"는 '술'을 뜻하지만 이곳은 술을 마시는 곳이 아니라 "饭馆", "餐厅", "饭庄"처럼 식사를 하는 보통 식당이다.

"美食城 měishíchéng"이라는 곳도 볼 수 있는데 "美食"는 아주 맛있는 음식이라는 뜻이며, "城"은 도시라는 뜻이다. 따라서 "美食城"은 맛있는 음식이 많기도 하고 넓기도 한 음식점이 되는 셈이다.

# 谢谢你！

Xiè xie nǐ!

감사합니다.

## 핵심표현

**

### 1 감사와 대답

谢谢！
Xièxie!
감사합니다.

不客气！
Bú kèqi!
별말씀을요.

### 2 작별인사

再见。
Zàijiàn
또 봅시다.

### 3 该～了(～해야한다)

我该走了。
Wǒ gāi zǒu le.
저 가야 겠어요.

### 새단어

| | | |
|---|---|---|
| • 喝 | [hē] | 마시다 |
| • 茶 | [chá] | 차 |
| 喝茶 | [hē chá] | 차를 마시다 |
| • 谢谢 | [xièxie] | 감사(하다) |
| • 不客气 | [bú kèqi] | 천만에요, 원 별말씀을요 |
| • 先生 | [xiānsheng] | 선생, 미스터 |
| • 该…了 | [gāi…le] | ～해야한다(～할 시간이다) |
| • 走 | [zǒu] | 걷다, 걸어가다 |
| • 再见 | [zàijiàn] | 안녕, 또 봐요 |

**| 고유명사 |**

| | | |
|---|---|---|
| • 白 | [Bái] | 백 (성씨) |

## 회화

어떻게 감사의 마음을 표현하고 작별인사를 할까?

(팡쉐친이 왕 부장과 이야기를 나누고 있는데 비서가 차를 들고 들어 온다.)

秘 书_ 小姐，请喝茶。
Xiǎojiě, Qǐng hē chá.

方雪芹_ 谢谢！
Xièxie!

秘 书_ 不客气！
Bú kèqi!

(이야기 중에 전화가 걸려온다.)

王经理_ 你好！
Nǐ hǎo!

秘 书_ 王经理，白先生找您。
Wáng jīnglǐ, Bái xiānsheng zhǎo nín.

王经理_ 请稍等。
Qǐng shāo děng.

(왕 부장이 수화기를 내려놓자 팡쉐친이 몸을 일으키며 작별인사를 한다)

方雪芹_ 王经理，我该走了。
Wáng jīnglǐ, wǒ gāi zǒu le.

王经理_ 好，方小姐，再见。
Hǎo, Fāng xiǎojiě, zàijiàn.

方雪芹_ 再见。
Zàijiàn.

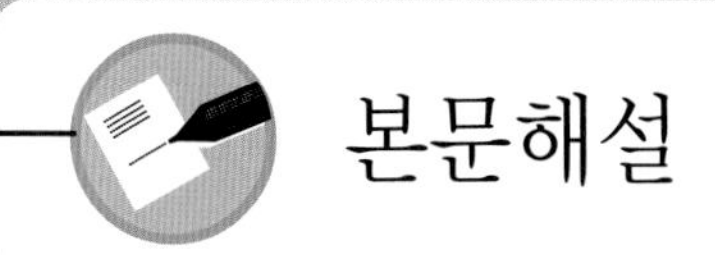

# 본문해설

## 1 감사와 응답

"谢谢"에 대한 대답으로는 "不谢", "不用谢", "不客气" 등이 있다.

예 谢谢你！
Xièxie nǐ!
| 감사합니다.

不客气。
Bú kèqi!
| 천만에요.

谢谢你！
Xièxie nǐ!
| 감사합니다.

不用谢。
Bú yòng xiè!
| 천만에요.

## 2 호칭(3)

"先生", "小姐"는 '~씨'라는 뜻으로 각각 성인 남성과 여성의 성 뒤 또는 이름 뒤에 붙인다. 지위가 높은 사람 혹은 자기가 존경하는 사람에게는 성 뒤에만 사용하고 이름 뒤에는 사용하지 않는다.

예 白 先生
Bái xiānsheng
| 백 선생 / 미스터 백 / 백 씨

王 先生
Wáng xiānsheng
| 왕 선생 / 미스터 왕 / 왕 씨

方 小姐
Fāng xiǎojiě
| 미스 팡

方 雪芹 小姐
Fāng Xuěqín xiǎojiě
| 팡쉐친 아가씨 / 팡쉐친 씨

※"先生" 은 교사나 지위가 비교적 높은 지식인의 호칭으로도 쓰이며 이때는 남녀 모두에게 사용할 수 있다.

# 본문해설

**3** 该…了

"~해야 할 시간이다. ~해야겠다"라는 뜻으로 하기 싫어도 해야한다는 의미가 담겨있다.

예 我该走了。
Wǒ gāi zǒu le.
| 저 가야겠습니다. (가봐야 할 시간입니다.)

**4** 好 (그래요)

"好"는 '좋다, 예쁘다'라는 의미로 많이 사용되지만 단독으로 쓰여 동의를 나타내기도 한다.

예 好，方 小姐，再见。
Hǎo, Fāng xiǎojiě, zàijiàn.
| 그래요, 미스 팡 잘가요.

**5** 再见

헤어질 때 가장 많이 쓰는 인사말로 대답 또한 "再见" 이다.

예 再见。
Zàijiàn.
| 또 봅시다.

再见。
Zàijiàn.
| 또 봅시다.

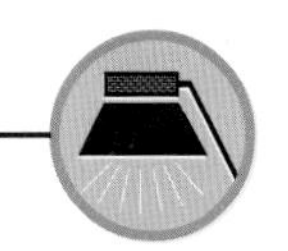

# 문형연습

## 1 보기와 같이 문장을 완성하세요.

| 보기 |

甲 ＿ 你该起床了。 | 너 일어나야 겠다.
Nǐ gāi qǐchuáng le.

学生 ＿ 他该起床了。 | 그는 일어나야 한다.
Tā gāi qǐchuáng le.

① 甲 ＿ 我该睡觉了。
Wǒ gāi shuìjiào le.

学生 ＿ 她＿＿＿＿＿＿＿＿＿＿。
Tā ＿＿＿＿＿＿＿＿＿＿.

② 乙 ＿ 你该做饭了。
Nǐ gāi zuò fàn le.

方雪芹 ＿ 我该做饭了。
Wǒ gāi zuòfàn le.

学生 ＿ 她＿＿＿＿＿＿＿＿＿＿。
Tā ＿＿＿＿＿＿＿＿＿＿.

③ 乙 ＿ 我该吃饭了。
Wǒ gāi chīfàn le.

学生 ＿ 她＿＿＿＿＿＿＿＿＿＿。
Tā ＿＿＿＿＿＿＿＿＿＿.

④ 妻子 ＿ 你该上班了。
Nǐ gāi shàngbān le.

丈夫 ＿ 我该上班了。
Wǒ gāi shàngbān le .

学生 ＿ 他＿＿＿＿＿＿＿＿＿＿。
Tā ＿＿＿＿＿＿＿＿＿＿.

**보충단어**

- **甲** [jiǎ] 갑
- **乙** [yǐ] 을
- **起床** [qǐchuáng] 일어나다
- **睡觉** [shuìjiào] 잠을 자다
- **做饭** [zuòfàn] 밥을 짓다
- **吃饭** [chīfàn] 밥을 먹다
- **上班** [shàngbān] 출근하다

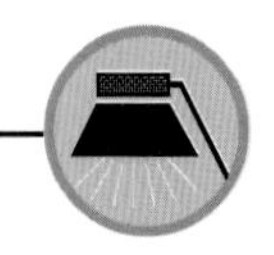

# 문형연습

⑤ 妻子 — 我 也 该 上班 了。
Wǒ yě gāi shàngbān le.

学生 — 她 ______________________。
Tā ______________________.

⑥ 大家 — 我们 该 下班 了。
Wǒmen gāi xiàbān le.

学生 — 他们 ______________________。
Tāmen ______________________.

⑦ 妈妈 — 你 该 上课 了。
Nǐ gāi shàngkè le.

儿子 — 我 该 上课 了。
Wǒ gāi shàngkè le.

学生 — 他 ______________________。
Tā ______________________.

⑧ 甲 — 该 下课 了。
Gāi xiàkè le.

乙 — 该 下课 了。
Gāi xiàkè le.

学生 — 他们 ______________________。
Tāmen ______________________.

**보충단어**

- **下班** [xiàbān] 퇴근하다
- **上课** [shàngkè] 수업하다(받다)
- **下课** [xiàkè] 수업 마치다

# 五 请问，这是方雪芹家吗?

## Qǐngwèn, Zhè Shì Fāng Xuěqín Jiā Ma?

실례합니다. 여기가 팡쉐친 씨 댁입니까?

## 핵심표현

**1 사과와 응답**

| | |
|---|---|
| **对不起。** | **没关系。** |
| Duìbuqǐ. | Méiguānxi. |
| 죄송합니다. | 괜찮습니다. |

### 새단어

- **对不起** [duìbuqǐ] 죄송합니다
- **过路人** [guòlùrén] 지나가는 사람
- **没关系** [méiguānxi ] 괜찮습니다
- **请问** [qǐngwèn] 실례합니다
  - **问** [wèn] 묻다
- **号** [hào] 호(번호)
- **楼** [lóu] 빌딩
- **吗** [ma] ~까 (의문)
- **不** [bù] 아니다
- **那** [nà/nèi] 그, 저 그것, 저것

**| 고유명사 |**

- **李** [Lǐ] 리(성씨)
- **李文龙** [Lǐ Wénlóng] 리원롱(인명)

# 회화

모르는 사람에게 어떻게 예의 있게 물어 보는지 살펴보자.

(리원롱은 팡쉐친의 친구이고 오늘 처음 팡쉐친의 집에 가게되었다. 고개를 들고 어느 빌딩인지 찾는데만 신경 쓰다 다른 사람과 부딪친다.)

李文龙 _ 对不起啊。
Duìbuqǐ a.

过路人 _ 没关系。
Méiguānxi.

李文龙 _ 请问，这是2号楼吗？
Qǐngwèn, zhè shì èr hào lóu ma?

过路人 _ 不是，这是5号楼。
Bú shì, zhè shì wǔ hào lóu.

(멀리 저쪽을 가리키며)

那是2号楼。
Nà shì èr hào lóu.

李文龙 _ 谢谢。
Xièxie.

方雪芹 _ 不客气。
Bú kèqi.

(리원롱이 건물 안으로 들어가서 203호의 초인종을 누르자 팡쉐친의 어머니가 문을 연다.)

李文龙 _ 您好！请问，这是方雪芹家吗？
Nín hǎo! Qǐngwèn, zhè shì Fāng Xuěqín jiā ma?

方　母 _ 是。
Shì.

# 본문해설

**

## 1 어조사 啊

문장 끝에 쓰여 감탄 · 찬탄 따위의 어감을 나타낸다. 써도 되고 안써도 되는 경우가 대부분이지만 "啊"를 쓰면 부드러운 어감을 준다.

예 对不起啊。
Duì bu qǐ a.
| 죄송합니다.

是谁啊?
Shì shuí a?
| 누구세요?

## 2 의문어기사 吗

서술문 끝에 놓여 의문을 나타낸다.

예 这是2号楼吗?
Zhè shì èr hào lóu ma?
| 여기가 2동입니까?

是，这是2号楼。
Shì, zhè shì èr hào lóu.
| 예, 여기가 2동입니다

她是方雪芹吗?
Tā shì Fāng Xuěqín ma?
| 그녀가 팡쉐친입니까?

是，她是方雪芹。
Shì, Tā shì Fāng Xuěqín.
| 예, 그녀는 팡쉐친입니다.

## 3 请问……?

"실례합니다" 라는 뜻으로 정중하고 예의 바르게 상대방에게 뭔가를 물을 때 쓰는 표현이다.

예 请问，这是203号吗?
Qǐngwèn, zhè shì èr líng sān hào ma?
| 실례합니다. 여기가 203호 입니까?

请问，她是方雪芹吗?
Qǐngwèn, tā shì Fāng Xuěqín ma?
| 말씀 좀 묻겠는데요, 그녀가 팡쉐친입니까?

# 본문해설

## 4 부정사 不

"是" 앞에 쓰여 부정을 나타낸다.

예 这不是2号楼。
Zhè bú shì èr hào lóu.
| 여기는 2 동이 아닙니다.

这不是2 0 3 号。
Zhè bú shì èr líng sān hào.
| 여기는 203 호가 아닙니다.

동사와 형용사의 앞에 쓰여 부정을 나타낸다.

예 她不喝茶。
Tā bù hē chá.
| 그녀는 차를 마시지 않습니다.

我不吃水果。
Wǒ bù chī shuǐguǒ.
| 나는 과일을 먹지 않습니다.

**| 참고 |**

### 1. 0 부터 10 까지 읽는 법

| 〇、 | 一、 | 二、 | 三、 | 四、 | 五、 | 六、 | 七、 | 八、 | 九、 | 十 |
|---|---|---|---|---|---|---|---|---|---|---|
| líng | yī | èr | sān | sì | wǔ | liù | qī | bā | jiǔ | shí |
| 0, | 1, | 2, | 3, | 4, | 5, | 6, | 7, | 8, | 9, | 10 |

### 2. 빌딩 동과 호수

빌딩이 몇 동인지를 나타낼 때에는 보통 뒤에다 "楼" 자를 붙인다. 또 방이 몇 호인지를 나타낼 때에는 "房间"을 쓰지 않고 "号"를 쓴다.

예 2号 楼 203 (号)
èr hào lóu èr líng sān(hào)
2동 203(호)

9号 楼 3304 (号)
jiǔ hào lóu sān sān líng sì (hào)
9동 3304(호)

# 문형연습

**1** 보기와 같이 문장을 완성하세요.

| 보기 |

方雪芹_ 这是我家的客厅。 | 여기가 우리집 거실입니다.
Zhè shì wǒ jiā de kètīng.

学生 _ 这是方雪芹家的客厅。 | 여기가 팡쉐친 씨 댁 거실입니다.
Zhè shì Fāng Xuěqín jiā de kètīng.

① 方雪芹_ 这是我爸爸的书房。
Zhè shì wǒ bàba de shūfáng.

学生 _ 这是 ______________________。
Zhè shì ______________________.

② 方雪芹_ 这是我的卧室。
Zhè shì wǒ de wòshì.

学生 _ 这是 ______________________。
Zhè shì ______________________.

③ 方雪芹_ 那是我家的卫生间。
Nà shì wǒ jiā de wèishēngjiān.

学生 _ 那是 ______________________。
Nà shì ______________________.

④ 方雪芹_ 这是我家的阳台。
Zhè shì wǒ jiā de yángtái.

学生 _ 这是 ______________________。
Zhè shì ______________________.

**보충단어**

- **客厅** [kètīng] 거실
- **书房** [shūfáng] 서재
- **卧室** [wòshì] 침실
- **卫生间** [wèishēngjiān] 화장실
- **阳台** [yángtái] 발코니

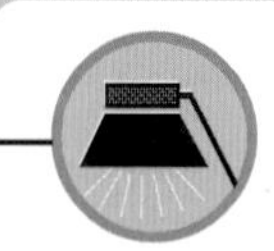

# 문형연습

## 2 보기와 같이 문장을 완성하세요.

**| 보 기 |**

甲 — 请问，您贵姓？ | 실례지만 성이 어떻게 되십니까?
Qǐngwèn, nín guì xìng?

乙 — 我姓王。 | 저는 왕 씨입니다.
Wǒ xìng Wáng

学生— 他姓王。 | 그는 왕 씨입니다.
Tā xìng Wáng.

① 甲 — 请问，你叫什么名字？
Qǐngwèn, nǐ jiào shénme míngzi?

乙 — 我叫王书友。
Wǒ jiào Wáng Shūyǒu.

学生— 他 ______________________ 。
Tā ______________________ .

② 甲 — 请问，这些是你的书吗？
Qǐngwèn, zhèxiē shì nǐ de shū ma?

乙 — 是，是我的书。
Shì, shì wǒ de shū.

学生— 这些 ______________________ 。
Zhèxiē ______________________ .

③ 甲 — 那些是你的裤子吗？
Nàxiē shì nǐ de kùzi ma?

乙 — 不是，那些是我哥哥的裤子。
Bú shì, nà xiē shì wǒ gēge de kùzi.

学生— 那些 不是 __________ ，是 __________ 。
Nàxiē bú shì __________ , shì __________ .

**보충단어**

- **这些** [zhèxiē/zhèixiē] 이것들
- **书** [shū] 책
- **那些** [nàxiē/nèixiē] 그것들
- **裤子** [kùzi] 바지

**| 고유명사 |**

- **王书友** [Wáng Shūyǒu] 왕슈여우(인명)

**

④ 甲 _ 请问，那些是你的衣服吗?
Qǐngwèn, nàxiē shì nǐ de yīfu ma?

乙 _ 不是，那些不是我的衣服，是我妹妹的裙子。
Bú shì, nàxiē bú shì wǒ de yīfu, shì wo mèimei de qúnzi.

学生_ 那些不是______________，是______________。
Nàxiē bú shì ______________, shì ______________.

⑤ 甲 _ 请问，那是你家吗?
Qǐngwèn, nà shì nǐ jiā ma?

乙 _ 不，那是方雪芹家。
Bù, nà shì Fāng Xuěqín jiā.

学生_ 那________________________。
Nà ________________________.

보충단어

- 衣服 [yīfu] 의복, 옷
- 裙子 [qúnzi] 치마

간체자연습

| 对 duì · 對 | 对 | 对 | 对 | 对 | 对 | 对 |
|---|---|---|---|---|---|---|
| 关 guān · 關 | 关 | 关 | 关 | 关 | 关 | 关 |
| 楼 lóu · 樓 | 楼 | 楼 | 楼 | 楼 | 楼 | 楼 |

| 문 | 화 | 마 | 당 |

# 이발하는 곳

이발하는 곳을 전에는 "理发店 lǐ fà diàn" 또는 "理发馆 lǐ fà guǎn"이라고 했다. '머리를 다듬고 정리하는 점포'라는 뜻이다.

중국도 개혁 개방이 진행됨에 따라 사람들은 외모와 치장에 대한 아름다움을 추구하는 욕구가 강해졌고, 전에는 머리만 대충 다듬으러 가던 것이 이제는 파마, 염색, 모발보호 등 여러 가지 이유로 가게 되었다. 그래서 "理发店 lǐ fà diàn"은 점차 줄어들고 그것을 대신하는 "美发店 měi fà diàn"이 생겨났다. '머리를 아름답게 가꾸는 곳'이라는 뜻이다. 이름도 그냥 "美发店"이 아닌 "头发设计 tóu fà shèjì 머리설계"라는 표현을 많이 사용한다. 중국의 미용실은 특별한 몇몇 여성 전용 고급 미용실을 제외하면 모두 남녀 공용이다. 미용실에 들어가 앉으면 우리나라와는 달리 가장 먼저 머리를 감겨 주고, 원하면 상반신 안마를 머리, 얼굴, 어깨, 팔 등의 순서로 약 30분 정도 정성껏 해 주는 등, 우리나라 미용실에서 하지 않는 서비스를 제공한다. 요금은 지역마다 차이가 있지만 보통 머리 감고 다듬는 데 5원~10원, 안마가 약10원 정도로, RMB20원 (우리 돈으로 약3200원)이면 한국의 고급 미용실에서나 받을 수 있음직한 서비스를 기분 좋게 제공 받을 수 있다.

# 你叫什么名字?
## Nǐ Jiào Shénme Míngzi?
## 성함이 어떻게 되십니까?

## 핵심표현

**1 어떤 사람이 그 곳에 있는 지의 여부 묻기**

**她在家吗?**
Tā zài jiā ma?
| 그녀는 집에 있습니까?

**2 이름 묻기**

**你叫什么名字?**
Nǐ jiào shénme míngzi?
| 당신은 이름이 무엇입니까?

**3 소개**

**我介绍一下。**
Wǒ jièshào yíxià.
| 제가 소개하지요.

**我是她的朋友。**
Wǒ shì tā de péngyou.
| 저는 그녀의 친구입니다.

### 새단어

- 在 [zài] 있다.
- 的 [de] ~의
- 朋友 [péngyou] 친구
- 父 [fù] 아버지(부친)
- 什么 [shénme] 무엇
- 名字 [míngzi] 이름
- 介绍 [jièshào] 소개
- 一下 [yí xià] 좀 ~하다
- 伯父 [bófù] 백부
- 伯母 [bómǔ] 백모

## 회화

상대방의 이름을 어떻게 물어볼까? 서로 알지 못하는 여러 사람을 어떻게 소개시켜줄까?

(리원룽이 팡쉐친의 집에 도착한 후에 어떤 일이 일어나는지 살펴보자.)

李文龙 _ 请问，她在家吗？
Qǐngwèn, tā zài jiā ma?

方　母 _ 她在家。你是…？
Tā zài jiā. Nǐ shì…?

李文龙 _ 我是她的朋友。
Wǒ shì tā de péngyou.

方　母 _ 请进…，请进。
Qǐng jìn. qǐng jìn.

李文龙 _ (팡쉐친의 아버지께) 您好！
Nín hǎo!

方　父 _ 你好！请坐，请坐。
Nǐ hǎo! Qǐng zuò, qǐng zuò.

(팡쉐친의 어머니가 팡쉐친을 부르러 간다.)

方　母 _ 雪芹－
Xuěqín–

方雪芹 _ 唉。(팡쉐친이 나오자 리원룽이 일어난다)
Āi.

方雪芹 _ 请坐。
Qǐng zuò.

方　父 _ 请喝茶。
Qǐng hē chá.

李文龙 _ 谢谢！
Xièxie!

方　母 _ 你叫什么名字啊？
Nǐ jiào shénme míngzi a?

方雪芹 _ 我介绍一下，这是李文龙，这是我爸爸，妈妈。
Wǒ jièshào yí xià, zhè shì Lǐ Wénlóng, zhè shì wǒ bàba, māma.

李文龙 _ 伯父，伯母好！
Bófù, bómǔ hǎo!

# 본문해설

**

## 1 동사 在

"있다"라는 뜻이다. "她在家吗?"에 대한 긍정의 대답은 "在(있다)", "在家(집에 있다)" 이고 부정할 때에는 "不在(없다)", "不在家(집에 없다)"로 한다.

예 她在家吗?
Tā zài jiā ma?
| 그녀는 집에 있습니까?

她不在家。
Tā bú zài jiā.
| 그녀는 집에 없습니다.

## 2 的

"~의"라는 뜻으로 종속관계를 나타낸다.

예 我的
wǒ de
| 나의

我们 的
wǒmen de
| 우리들의

方雪芹 的
Fāng Xuěqín de
| 팡쉐친의

妈妈的 朋友
māma de péngyou
| 엄마의 친구

杨丽的 朋友
Yáng Lì de péngyou
| 양리의 친구

王经理的 水果
Wáng jīnglǐ de shuǐguǒ
| 왕 부장의 과일

老赵 的 烟
Lǎo zhào de yān
| 라오 짜오의 담배

만일 속한 대상이 친족이나 집 혹은 가정이면 일반적으로 "的"을 쓰지 않는다.

예 我爸爸
wǒ bàba
| 나의 아빠

她丈夫
tā zhàngfu
| 그녀의 남편

他女儿
tā nǚ'er
| 그의 딸

方雪芹 家
Fāng Xuěqín jiā
| 팡쉐친의 집

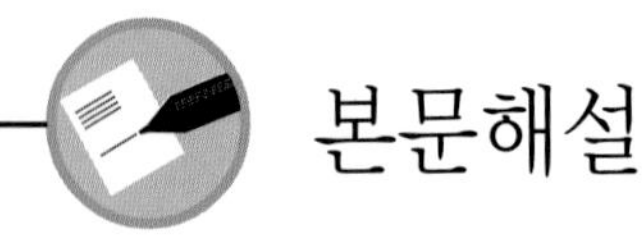

## 본문해설

**

### 3 你叫什么名字?

상대방의 이름을 물을 때 쓴다. 대답할 때에는 성과 이름을 함께 대답한다.

예

您贵姓?
Nín guì xìng?
| 당신의 성은 무엇입니까?

我姓杨。
Wǒ xìng Yáng.
| 저는 양씨입니다.

你叫什么名字?
Nǐ jiào shénme míngzi?
| 당신의 이름은 무엇입니까?

我叫杨丽。
Wǒ jiào Yáng Lì.
| 저는 양리라고 합니다.

### 4 동사 + 一下

동작이 짧고, 가볍게 행해지는 것을 나타낸다. 다른 사람에게 어떤 일을 요청할 때 이 형태를 사용하면 비교적 완곡한 표현이 된다.

예

我介绍一下。
Wǒ jièshào yíxià.
| 제가 소개하지요.

我问一下。
Wǒ wèn yíxià
| 좀 묻겠는데요.

请等一下。
Qǐng děng yíxià.
| 잠시 기다리세요.

请你介绍一下。
Qǐng nǐ jièshào yíxià
| 당신 소개 좀 해주세요.

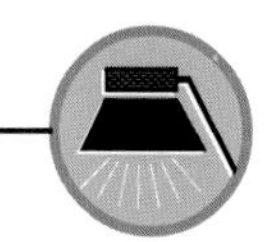

# 문형연습

## 1 보기와 같이 물음에 답하세요.

| 보기 |

甲 _ 她在家吗?
Tā zài jiā ma?
| 그녀는 집에 있습니까?

乙 _ 在，她在她的卧室。
Zài, tā zài tā de wòshì.
| 예, 그녀는 그녀의 침실에 있습니다.

问 _ 方 雪芹 在家吗?
Fāng Xuěqín zài jiā ma?
| 팡쉐친은 집에 있습니까?

学生 _ 方 雪芹 在她的卧室。
Fāng Xuěqín zài tā de wòshì.
| 팡쉐친은 그녀의 침실에 있습니다.

① 甲 _ 方 雪芹 的爸爸 在家吗?
Fāng Xuěqín de bàba zài jiā ma?

乙 _ 在，他在客厅。
Zài, tā zài kètīng.

问 _ 方 雪芹 的爸爸 在家吗?
Fāng Xuěqín de bàba zài jiā ma?

学生 _ 在，______________________________。
Zài, ______________________________.

② 甲 _ 方 雪芹的 妈妈 在家 吗?
Fāng Xuěqín de māma zài jiā ma?

乙 _ 在，她在厨房。
Zài, tā zài chúfáng.

问 _ 方 雪芹的 妈妈 在家 吗?
Fāng Xuěqín de māma zài jiā ma?

学生 _ 在，______________________________。
Zài, ______________________________.

**보충단어**

- **卧室** [wòshì] 침실
- **客厅** [kètīng] 거실
- **厨房** [chúfáng] 주방

# 문형연습

**

## 2 다음을 중국어로 바꾸시오.

① 왕 선생님 계세요?

______________________________。

② 이름이 무엇입니까?

______________________________。

③ 제가 소개할께요.

______________________________。

④ 당신의 소개 좀 해주세요.

______________________________。

### | 참고 |

**호칭(4)**

| 伯父、 | 伯母 |
|---|---|
| [bófù] | [bómǔ] |
| 백부, | 백모 |

중국에서 "伯父, 伯母"는 큰아버지와 큰어머니께 붙이는 호칭이다. 존경 혹은 친근감을 나타내기 위해 친척의 호칭을 친척이 아닌 다른 사람에게 사용하기도 하는데 여기에서 리원룽은 팡쉐친의 부모에게 "백부, 백모"라는 호칭을 썼다.

# 最近你忙不忙?

Zuìjìn Nǐ Máng Bù Máng.

요즘 바쁘세요?

## 핵심표현

**1 의향 묻기**

**你喝什么,茶还是可乐?**

Nǐ hē shénme, chá háishi kělè?

| 뭐 마실래요, 차요 아니면 콜라요?

**2 인사말 나누기**

**最近 你 忙不忙?**

Zuìjìn nǐ máng bu máng?

| 요즘 바쁘세요?

**我 很 忙, 你呢?**

Wǒ hěn máng, nǐ ne?

| 저는 매우 바쁩니다, 당신은요?

**我也很忙。**

Wǒ yě hěn máng.

| 저도 매우 바빠요.

### 새단어

- 还是 [háishi] 또는, 아니면
- 可乐 [kělè] 콜라
- 最近 [zuìjìn] 최근, 요즘
- 忙 [máng] 바쁘다
- 很 [hěn] 매우
- 呢 [ne] 어기사(문장의 끝에서 반문하는 역할을 함)
- 也 [yě] 또한

**| 고유명사 |**

- 丁 [Dīng] 띵(성씨)
- 丁璐璐 [Dīng Lùlu] 띵루루(인명)

# 회화

다른 사람에게 어떻게 의견을 물어볼까? 다른사람과 어떻게 인사를 나눌까?

(띵루루는 팡쉐친의 대학동창이고 친한 친구이다. 오늘 그녀가 팡쉐친의 집에 찾아왔다.)

丁璐璐＿ 嘿，雪芹！
Hēi, Xuěqín!

方雪芹＿ 璐璐，请进！
Lùlu, qǐng jìn!

(루루가 집에 들어와 앉자 팡쉐친이 묻는다)

方雪芹＿ 你喝什么，茶还是可乐？
Nǐ hē shénme, chá háishi kělè?

丁璐璐＿ 我喝可乐。
Wǒ hē kělè.

(팡쉐친이 콜라를 들고 온다)

方雪芹＿ 最近你忙不忙？
Zuìjìn nǐ máng bù máng?

丁璐璐＿ 我很忙。你呢？
Wǒ hěn máng. Nǐ ne?

方雪芹＿ 我也很忙。
Wǒ yě hěn máng.

# 본문해설

## 1 호칭(5)

젊은 사람인 경우 이름이 두 자일 때, 친숙함의 표현으로 이름 앞에 小를 붙여 부르거나 이름을 반복하여 부르기도 한다.

예 杨 丽 → 小 丽 혹은 丽丽
Yáng lì → Xiǎo lì Lì lì

## 2 선택 의문문

선택의문문은 두 가지 형태가 있다.
다음의 A와 B는 두 가지 선택조건이다.

예 1) ……,A **还是** B?

你喝什么，茶还是咖啡?
Nǐ hē shénme, chá háishi kāfēi?
| 뭐 마실래요, 차 아니면 커피요?

她叫 什么 名字，杨丽 还是 丁 璐璐?
Tā jiào shénme míngzi, Yáng Lì háishi Dīng Lùlu?
| 그녀의 이름은 무엇입니까, 양리입니까 아니면 띵루루입니까?

2) 동사 + A + **还是** + 동사 + B?

她叫丁璐璐还是叫杨丽?
Tā jiào Dīng Lùlu háishi jiào Yáng Lì?
| 그녀는 띵루루라고 하나요 아니면 양리라고 하나요?

你喝茶还是吃水果?
Nǐ hē chá háishi chī shuǐguǒ?
| 차 마실래요 아니면 과일 드실래요?

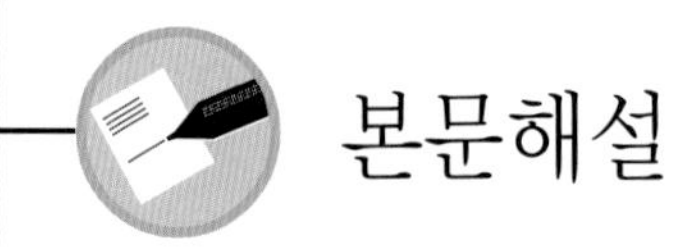

# 본문해설

**3** 긍정 부정 의문문

**형용사 + 不 + 형용사**

예 最近你忙不忙?
Zuìjìn nǐ máng bu máng?
| 최근에 당신은 바쁩니까?

我很忙。
Wǒ hěn máng.
| 매우 바쁩니다.

**동사+ 不 + 동사**

你喝不喝咖啡?
Nǐ hē bu hē kāfēi?
| 커피 마실래요?

我喝。
Wǒ hē.
| 마실래요.

她吃不吃水果?
Tā chī bu chī shuǐguǒ?
| 그녀는 과일을 먹습니까?

她不吃。
Tā bù chī.
| 안 먹습니다.

**4** 의문어기사 呢

"대명사 + 呢"는 앞에 나온 의문문을 생략한 문장으로 우리말의 "~는?(너는?, 그는? 등)"에 해당한다.

예 我很忙，你呢?
Wǒ hěn máng, nǐ ne?
| 저는 매우 바쁩니다. 당신은요?

她呢?
Tā ne?
| 그녀는요?

**5** 也 의 문장 중의 위치

**也 + (不 / 부사) + 동사 / 형용사**

예 我也很忙。
Wǒ yě hěn máng.
| 저도 매우 바쁩니다.

他也不吃饭。
Tā yě bù chīfàn.
| 그도 밥을 먹지 않습니다.

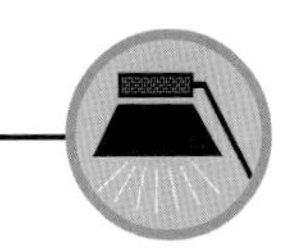

# 문형연습

## 1 보기와 같이 문장을 완성하세요.

**| 보 기 |**

甲 _ 你喝什么，茶还是咖啡？ | 뭐 마실래, 차 아니면 커피?
Nǐ hē shénme, chá háishi kāfēi?

乙 _ 我喝咖啡。 | 나 커피 마실래.
Wǒ hē kāfēi.

学生 _ 他喝咖啡。 | 그는 커피를 마십니다.
Tā hē kāfēi.

① 甲 _ 你喝什么，可乐还是酸奶？
Nǐ hē shénme, kělè háishi suānnǎi?

乙 _ 谢谢，我不喝冷饮，我喝茶。
Xièxie, wǒ bù hē lěngyǐn, wǒ hē chá.

学生 _ 她 ______________________ 。
Tā ______________________ .

② 甲 _ 你吃冰激凌还是喝酸奶？
Nǐ chī bīngjilíng háishi hē suānnǎi?

乙 _ 我吃冰激凌。
Wǒ chī bīngjilíng.

学生 _ 他 ______________________ 。
Tā ______________________ .

**보충단어**

- **咖啡** [kāfēi] 커피
- **冷饮** [lěngyǐn] 냉 음료
- **酸奶** [suānnǎi] 요구르트
- **冰激凌** [bīngjilíng] 아이스크림

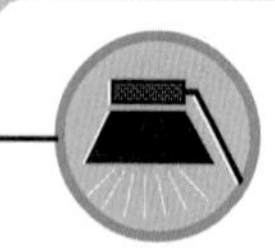

# 문형연습

**2** 그림을 보며 보기와 같이 다음 문장을 완성하세요.

| 보 기 |

学生 _ 你喝什么，茶还是咖啡?
Nǐ hē shénme, chá háishi kāfēi?
| 너 뭐 마실래 차 아니면 커피?

乙 _ 我喝咖啡。
Wǒ hē kāfēi.
| 나 커피 마실래.

① 学生 _ 你 ________, ________?
Nǐ ________, ________?

乙 _ 我不喝冷饮，我喝茶。
Wǒ bù hē lěngyǐn, wǒ hē chá.

② 学生 _ 你 ________________?
Nǐ ________________?

乙 _ 我吃冰激凌。
Wǒ chī bīngjilíng.

**

## 3 보기와 같이 문장을 완성하세요.(주어진 단어 사용)

**| 보 기 |**

| | | |
|---|---|---|
| 学生 — | 最近你忙不忙？(忙)<br>Zuìjìn nǐ máng bù máng?(máng) | 최근 당신은 바쁩니까? |
| 乙 — | 我很忙。你呢？<br>Wǒ hěn máng. Nǐ ne? | 저는 매우 바쁩니다. 당신은요? |
| 学生 — | 我也很忙。<br>Wǒ yě hěn máng. | 저도 매우 바쁩니다. |
| 问 — | 他们忙不忙？<br>Tāmen máng bu máng? | 그들은 바쁩니까? |
| 学生 — | 他们都很忙。<br>Tāmen dōu hěn máng. | 그들은 모두 매우 바쁩니다. |

① 学生 — 你 ______________ ？(渴)
Nǐ ______________ . (kě)

乙 — 我很渴。你呢？
Wǒ hěn kě. Nǐ ne?

学生 — 我 ______________ 。(也)
Wǒ ______________ . (yě)

问 — 他们渴不渴？
Tāmen kě bù kě?

学生 — 他们 ______________ 。(都)
Tāmen ______________ . (dōu)

② 学生 — 你 ______________ ？(累)
Nǐ ______________ .(lèi)

乙 — 我很累。你呢？
Wǒ hěn lèi. Nǐ ne?

学生 — 我 ______________ 。(也)
Wǒ ______________ . (yě)

问 — 他们累不累？
Tāmen lèi bú lèi?

学生 — 他们 ______________ 。(都)
Tāmen ______________ . (dōu)

**보충단어**

- **渴** [kě] 목 마르다
- **累** [lèi] 피곤하다

# 오락장소

오락장소하면 대표적인 곳으로 "电影院 diànyǐngyuàn (영화관)"을 들 수 있다. "电影院"에서는 중국에서 자체 제작된 영화와 세계 각지에서 수입된 외화를 상영한다. 중국 영화관이 우리와 다른 점은 영화 관람비가 극장 마다 다르며 중국영화와 외화의 관람비 또한 차이를 보인다는 점이다.

영화관 외에 연극을 볼 수 있는 곳으로는 "剧场 jùchǎng", "剧院 jùyuàn"등이 있다. 이름만 얼핏보면 영화관이라고 생각하기 쉬운데 이곳은 중국 작품 뿐 아니라 세계적으로 유명한 희극작가의 우수한 희극 작품을 무대 위에 올리기도 하는 종합 예술 회관이다.

"剧场", "剧院"은 현대적 작품을 주로 상연하는 곳인데 반해 "戏院 xìyuàn"과 "戏楼 xìlóu"는 경극과 같은 중국 전통 희곡을 주로 상연하는 곳이다.

# 他是哪国人?

Tā Shì Nǎ Guó Rén?

그는 어느 나라 사람입니까?

## 핵심표현

**1 국적 말하기**

他是哪国人?
Tā shì nǎ guó rén
| 그는 어느 나라 사람입니까?

他是美国人。
Tā shì Měiguórén.
| 그는 미국인입니다.

**2 신분 묻고 관계 나타내기**

他是谁?
Tā shì shéi?
| 그는 누구입니까?

他是我的男朋友。
Tā shì wǒ de nánpéngyou.
| 그는 저의 남자 친구입니다.

### 새단어

- 都 [dōu] 모두
- 哪 [nǎ/něi] 어느
- 国 [guó] 나라
- 人 [rén] 사람
- 女朋友 [nǚpéngyou] 여자 친구
- 谁 [shéi/shuí] 누구
- 男朋友 [nánpéngyou] 남자 친구
- 知道 [zhīdao] 알다
- 朋友 [péngyou] 친구

**| 고유명사 |**

- 美国 [Měiguó] 미국
- 美国人 [Měiguórén] 미국인

## 회화

다른 사람의 국적과 신분을 어떻게 물어볼까?

(팡쉐친과 띵루루는 팡쉐친의 방에서 앨범을 보고 있다)

方雪芹＿ 他们都是我的朋友。
Tāmen dōu shì wǒ de péngyou.

丁璐璐＿ (한 외국 청년을 가리키며) 他是哪国人?
Tā shì nǎ guó rén?

方雪芹＿ 他是美国人。(한 여자를 가리키며) 这是他女朋友。
Tā shì Měiguórén. Zhè shì tā nǚpéngyou.

丁璐璐＿ (사진 속의 리원룽을 가리키며) 他是谁?
Tā shì shéi?

方雪芹＿ 他也是我的朋友。
Tā yě shì wǒ de péngyou.

丁璐璐＿ 他叫什么名字?
Tā jiào shénme míngzi?

方雪芹＿ 他叫李文龙。
Tā jiào Lǐ Wénlóng

丁璐璐＿ 他是不是你男朋友?
Tā shì bú shì nǐ nánpéngyou?

方雪芹＿ (웃으면서) 不知道。
Bù zhīdao.

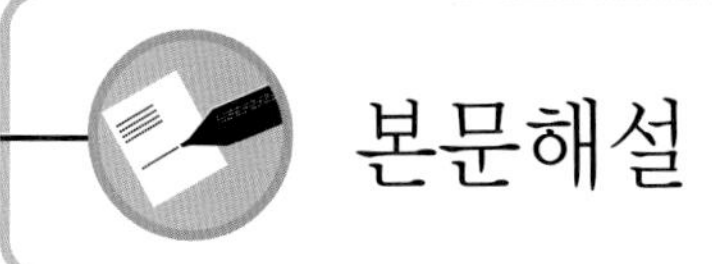

# 본문해설

**

## 1 문장 중 也와 都의 위치

"也"와 "都"는 문장 중의 위치가 같다. 동사 앞에 놓이며 부사가 있으면 부사 앞에 놓인다. 만일 "都"와 "也"가 같이 있으면, "也"가 "都"의 앞에 놓인다.

예 他是我的朋友。
Tā shì wǒ de péngyou.
| 그는 나의 친구이다.

她也是我的朋友。
Tā yě shì wǒ de péngyou.
| 그녀도 나의 친구이다.

他们都是我的朋友。
Tāmen dōu shì wǒ de péngyou.
| 그들 모두 나의 친구이다.

她们也都是我的朋友。
Tāmen yě dōu shì wǒ de péngyou.
| 그녀들도 모두 나의 친구이다.

## 2 신분이나 관계 묻기

"他是谁? "는 그의 이름을 묻는 것이 아니라 그 사람의 신분 혹은 묻는 사람이 알고 있는 어떤 사람과의 관계를 묻는 것이다.

예 他是谁?
Tā shì shéi?
| 그는 누구니?

他也是我的朋友。
Tā yě shì wǒ de péngyou.
| 그도 나의 친구야.

## 3 의문사의 위치

의문사를 사용하여 의문문을 만들 때, 의문사는 주로 동사 뒤에 위치한다.

예 他是哪国人?
Tā shì nǎ guó rén?
| 그는 어느 나라 사람입니까?

他是美国人。
Tā shì Měiguórén.
| 그는 미국인입니다.

他叫什么名字?
Tā jiào shénme míngzi?
| 그는 이름이 무엇입니까?

他叫李文龙。
Tā jiào Lǐ Wénlóng.
| 그는 리원롱이라고 합니다.

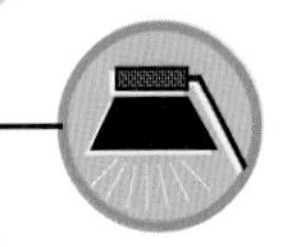

# 문형연습

**1** 보기와 같이 문장을 완성하세요.

| 보 기 |

问 _ **他是谁?**
Tā shì shéi?
| 그는 누구입니까?

方雪芹_ **他是我的老师，我是他的学生。**
Tā shì wǒ de lǎoshī, wǒ shì tā de xuésheng.
| 그는 저의 선생님이고, 저는 그의 학생입니다.

学 生_ **他是方雪芹的老师，方雪芹是他的学生。**
Tā shì Fāng Xuěqín de lǎoshī, Fāng Xuěqín shì tā de xuésheng.
| 그는 팡쉐친의 선생님이고, 팡쉐친은 그의 학생입니다.

① 问 _ **她是谁?**
Tā shì shéi?
方雪芹_ **她是我的同事。**
Tā shì wǒ de tóngshì.
学 生_ **她**______________________。
Tā ______________________.

② 问 _ **她是谁?**
Tā shì shéi?
方雪芹_ **她是我的同学。**
Tā shì wǒ de tóngxué.
学 生_ **她**______________________。
Tā ______________________.

③ 问 _ **他是谁?**
Tā shì shéi?
方雪芹_ **他是我男朋友。**
Tā shì wǒ nánpéngyou.
学 生_ **他**______________________。
Tā ______________________.

**보충단어**

- **老师** [lǎoshī] 선생님
- **同事** [tóngshì] 동료(직장동료)
- **同学** [tóngxué] 동창(같은 반이나 같은 학교 친구)

**

## 2 보기와 같이 물음에 답하세요.

| 보기 |

甲 _ 你是哪国人?
Nǐ shì něi guó rén?
| 당신은 어느 나라 사람입니까?

乙 _ 我是英国人。
Wǒ shì Yīngguórén.
| 저는 영국 사람입니다.

问 _ 他是哪国人?
Tā shì nǎ guó rén?
| 그는 어느 나라 사람입니까?

学生 _ 他是英国人。
Tā shì Yīngguórén.
| 그는 영국 사람입니다.

① 甲 _ 你是哪国人?
Nǐ shì něi guó rén?

乙 _ 我是中国人。
Wǒ shì Zhōngguórén.

问 _ 他是哪国人?
Tā shì nǎ guó rén?

学生 _ ________________。

② 甲 _ 你是哪国人?
Nǐ shì něi guó rén?

乙 _ 我是日本人。
Wǒ shì Rìběnrén.

问 _ 他是哪国人?
Tā shì nǎ guó rén?

学生 _ ________________。

보충단어

| 고유명사 |

- 英国 [Yīngguó] 영국
- 英国人 [Yīngguórén] 영국인
- 中国 [Zhōngguó] 중국
- 中国人 [Zhōngguórén] 중국인
- 日本 [Rìběn] 일본
- 日本人 [Rìběnrén] 일본인

# 공중전화

중국에도 핸드폰, 호출기, 가정용 전화기 이외에 각양각색의 공용통신설비가 많이 있다. 그 중에서도 가장 흔히 볼 수 있는 것은 공중전화인데 우리 나라처럼 동전과 전화카드에 의한 공중전화가 아니라 작은 점포처럼 전화요금을 받는 사람이 있는 점포 형태의 "公用电话 gōngyòngdiànhuà (공중전화)" 이다. 길에서 급히 전화를 해야할 때 이러한 "公用电话" 표지판을 찾으면 쉽게 전화를 할 수 있다. 공공장소에는 또 관리하는 사람이 없는 "동전투입전화" 도 있지만 그 수에 있어 점포형태의 공중전화보다 훨씬 적은 편이다.

그러나 모든 공중전화가 기타 다른 도시나 국외로 전화를 걸 수 있는 것은 아니라서 일반적으로 장거리전화를 할 경우 "国际/国内长途 guójì/guónèi chángtú국제/국내장거리" 라는 글자가 쓰여 있는 것을 이용해야 한다. "国际长途guójì chángtú국제장거리" 는 국외로 전화를 할 수 있고, "国内长途guónèi chángtú국내장거리" 는 타지역 성과 도시로 전화를 할 수 있다. 우리와 다른 이러한 공중전화 사용 방법의 차이점을 알아두면 중국 여행시에 유익할 것이다.

중국에서 전화번호를 문의할 때 사용하는 번호는 우리와 같은 114이다.

# 你有没有时间?

Nǐ Yǒu Méi yǒu Shíjiān?

시간 있으세요?

## 핵심표현

**1 전화로 사람 찾기**

**喂，请问 方 雪芹 在吗?**

Wéi, qǐngwèn Fāng Xuěqín zài ma?

| 여보세요, 말씀 좀 물을게요, 팡쉐친 씨 계세요?

**2 상대에게 시간이 있는지 묻기**

**晚上 有 没有 时间?**

Wǎnshang yǒu méiyǒu shíjiān?

| 저녁에 시간 있어요?

### 새단어

- **喂** [wéi] 여보세요(전화할 때)
- **一会儿** [yíhuìr] 곧, 잠시
- **电话** [diànhuà] 전화
- **今天** [jīntiān] 오늘
  - **天** [tiān] 날(일)
- **晚上** [wǎnshang] 저녁
- **有** [yǒu] 있다
- **没(有)** [méi(yǒu)] 없다
- **时间** [shíjiān] 시간

## 회화 **

상대방의 이름을 어떻게 물어볼까? 서로 알지 못하는 여러 사람을 어떻게 소개시켜줄까?

(리원룽은 팡쉐친의 사무실로 전화를 한다)

杨 丽 _ 喂，你好！
Wéi, nǐ hǎo!

李文龙 _ 请问，方雪芹在吗？
Qǐng wèn, Fāng Xuěqín zài ma?

杨 丽 _ 她在。请等一会儿。(팡쉐친에게 수화기를 건네주며)
Tā zài. Qǐng děng yíhuìr.

雪芹，你的电话。
Xuěqín, nǐ de diànhuà.

方雪芹 _ 谢谢！(수화기를 건네 받고) 喂！
Xièxie! Wéi!

李文龙 _ 雪芹，我是文龙。今天你忙吗？
Xuěqín, wǒ shì Wénlóng. Jīntiān nǐ máng ma?

方雪芹 _ 不忙。
Bù máng.

李文龙 _ 晚上有没有时间？
Wǎnshang yǒuméiyǒu shíjiān?

方雪芹 _ 有时间。
Yǒu shíjiān.

## 본문해설

**1** 喂

전화를 걸거나 받을 때 우리가 일반적으로 사용하는 "여보세요"에 해당하는 말이다. 비교적 예의 있는 표현으로 뒤에 "你好!"를 붙이기도 한다.

예 喂，你好! | 여보세요, 안녕하세요!
Wéi, nǐ hǎo!

**2** 전화로 사람 찾기

전화를 걸어 어떤 사람과 통화하고 싶다면 : "请问×××在吗(실례지만×××있나요?)" 또는 "请找×××(×××를 찾습니다)"라고 말하면 된다.

예 请问，方雪芹在吗? | 실례지만 팡쉐친 씨 있습니까?
Qǐngwèn, FāngXuěqín zài ma?

**3** 有，没有 와 有没有

"有(있다)"의 부정형은 "没有(없다)"이고 "有没有"를 쓰면 긍정부정 의문문 "있어요?"가 된다. 대답 역시 "有"나 "没有"로 한다.

예 晚上 有没有 时间?
Wǎnshang yǒuméiyǒu shíjiān?
| 저녁에 시간 있어요?

有 时间。
Yǒu shíjiān.
| 시간 있어요.

你有没有哥哥?
Nǐ yǒuméiyǒu gēge.
| 당신은 오빠가 있습니까?

没有，我没有 哥哥。
Méiyǒu, wǒ méiyǒu gēge.
| 없어요, 저는 오빠가 없습니다.

他有没有女朋友?
Tā yǒuméiyǒu nǚpéngyou?
| 그는 여자 친구가 있습니까?

有，他有女朋友。
Yǒu, tā yǒu nǚpéngyou.
| 네, 그는 여자 친구가 있습니다.

你们有没有冷饮?
Nǐmen yǒuméiyǒu lěngyǐn?
| 너희들 찬음료 있니?

有，有冷饮。
yǒu, yǒu lěngyǐn.
| 그래, 찬음료 있어.

# 본문해설

**

## 4 시간사의 문장 중의 위치

시간사는 일반적으로 문장의 맨 앞이나 동사의 앞에 놓인다.

예

今天你忙吗?
Jīntiān nǐ máng ma?
| 오늘 당신 바쁘세요?

或

你今天忙吗?
Nǐ jīntiān máng ma?
| 당신 오늘 바쁘세요?

今天我不忙。
Jīntiān wǒ bù máng.
| 오늘 저 안 바빠요.

我今天不忙。
Wǒ jīntiān bù máng.
| 저 오늘 안 바빠요.

晚上 你有时间吗?
Wǎnshang nǐ yǒu shíjiānma?
| 저녁에 당신 시간이 있으세요?

或

你 晚上 有 时间吗?
Nǐ wǎnshang yǒu shíjiān ma?
| 당신 저녁에 시간이 있으세요 ?

晚上 我有时间 。
Wǎnshang wǒ yǒu shíjiān.
| 저녁에 저 시간 있어요

我 晚上 有时间 。
Wǒ wǎnshang yǒu shíjiān.
| 저 저녁에 시간 있어요.

明天 你在家吗?
Míngtiān nǐ zài jiā ma?
| 내일 당신 집에 있나요?

或

你 明天 在家吗?
Nǐ míngtiān zài jiā ma?
| 당신 내일 집에 있나요?

明天 我在家。
Míngtiān wǒ zài jiā.
| 내일 저 집에 있어요.

我 明天 在家。
Wǒ Míngtiān zài jiā.
| 저 내일 집에 있어요.

# 문형연습

## 1 보기와 같이 물음에 답하세요.

| 보기 |

甲 _ 你有没有哥哥? | 너 형 있니?
Nǐ yǒuméiyǒu gēge?

乙 _ 有,我有哥哥。 | 어. 형 있어.
Yǒu, wǒ yǒu gēge.

问 _ 他有没有哥哥? | 그는 형이 있습니까?
Tā yǒuméiyǒu gēge?

学生_ 有,他有哥哥。 | 네. 그는 형이 있습니다.
Yǒu, tā yǒu gēge.

① 甲 _ 你有几个哥哥?
Nǐ yǒu jǐ ge gēge?

乙 _ 我 有 一个哥哥。
Wǒ yǒu yí ge gēge.

问 _ 他有 几个哥哥?
Tā yǒu jǐ ge gēge?

学生_ 他 ____________________ 。
Tā ____________________ .

② 甲 _ 你有没有 姐姐?
Nǐ yǒuméiyǒu jiějie?

乙 _ 没有,我 没有 姐姐。
Méiyǒu, wǒ méiyǒu jiějie.

问 _ 他 有没有 姐姐?
Tā yǒuméiyǒu jiějie?

学生_ 他 ____________________ 。
Tā ____________________ .

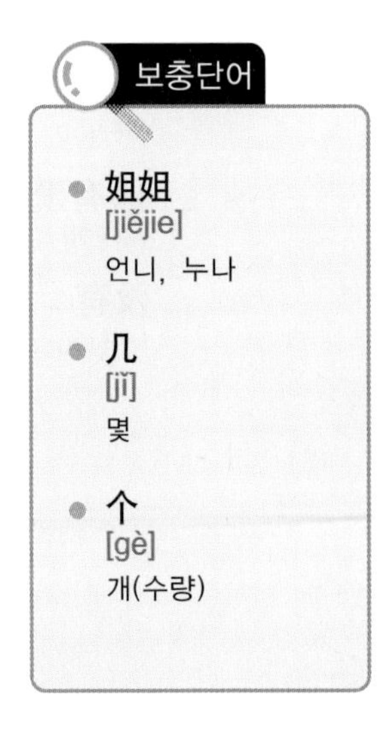

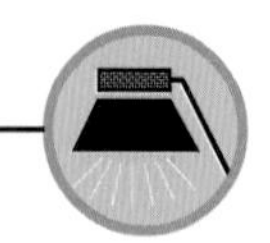

# 문형연습

**

③ 甲 — 你有没有妹妹?
Nǐ yǒuméiyǒu mèimei?

乙 — 有,我有妹妹
Yǒu, wǒ yǒu mèimei.

问 — 她有没有妹妹?
Tā yǒuméiyǒu mèimei?

学生 — 有,＿＿＿＿＿＿＿＿。
yǒu, ＿＿＿＿＿＿＿＿.

④ 甲 — 你有几个妹妹?
Nǐ yǒu jǐ ge mèimei?

乙 — 我有一个妹妹。
Wǒ yǒu yí ge mèimei.

问 — 她有几个妹妹?
Tā yǒu jǐ ge mèimei?

学生 — 她＿＿＿＿＿＿＿＿。
tā ＿＿＿＿＿＿＿＿.

⑤ 甲 — 你有没有弟弟?
Nǐ yǒuméiyǒu dìdi?

乙 — 没有,我没有弟弟。
Méiyǒu, wǒ méiyǒu dìdi.

问 — 他有没有弟弟?
Tā yǒu méiyǒu dìdi?

学生 — 没有,＿＿＿＿＿＿＿＿。
Méiyǒu, ＿＿＿＿＿＿＿＿.

**보충단어**

- 弟弟
[dìdi]
남동생

# 一起吃饭，好吗?
Yìqǐ Chīfàn, Hǎo Ma?
같이 밥 먹는 거 어때요?

## 핵심표현

### 1 의견 묻기

**晚上 一起 吃饭，好吗?**
Wǎnshang yìqǐ chī fàn, hǎo ma?
| 저녁에 같이 식사하는 거 어때요?

### 2 약속 시간 정하기

**几点 见面?**
Jǐ diǎn jiànmiàn?
| 몇 시에 만날까요?

**八点**
Bā diǎn
| 8시요.

### 3 시간 표현

**六点** | 6시
Liù diǎn

**六点 十 分** | 6시 10분
Liù diǎn shí fēn

**上午 九点 一刻**
Shàngwǔ jiǔ diǎn yí kè
| 오전 9시 15분

**中午 十二点 半**
Zhōngwǔ shí èr diǎn bàn
| 정오 12시 반

#### 새단어

- 一起 [yìqǐ] 같이
- 好吗 [hǎo ma] 좋습니까?
- 好的 [hǎo de] 좋아요
- 几 [jǐ] 몇
- 点 [diǎn] 시(시간)
- 见面 [jiànmiàn] 만나다
- 分 [fēn] 분(시간)
- 去 [qù] 가다
- 接 [jiē] 마중하다

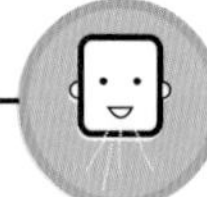

## 회화

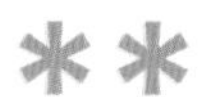

어떻게 약속 시간을 정할까?

(리원롱은 팡쉐친에게 전화로 저녁 식사 약속을 하려한다.)

李文龙_ 晚上一起吃饭，好吗？
Wǎnshang yìqǐ chīfàn, hǎo ma?

方雪芹_ 好的。几点钟 见面？
Hǎo de. Jǐ diǎn zhōng jiànmiàn?

李文龙_ 你几点下班？
Nǐ jǐ diǎn xiàbān?

方雪芹_ 六点。
Liù diǎn.

李文龙_ 六点十分我去接你，好吗？
Liù diǎn shí fēn wǒ qù jiē nǐ, hǎo ma?

方雪芹_ 好的。再见。
Hǎo de. Zàijiàn.

李文龙_ 再见
Zàijiàn.

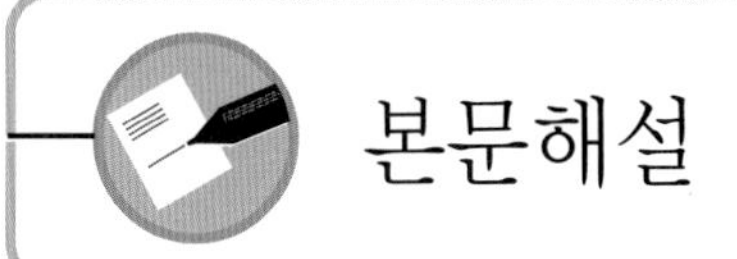

# 본문해설

**

## 1 ……好吗?

상대방의 의견을 예의 있게 묻는 표현법이다. 동의할 때에는 "好的" 또는 "好"라고 말한다.

예 晚上一起吃饭，好吗?
Wǎnshang yìqǐ chīfàn, hǎo ma?
| 저녁에 같이 식사하는 거 어때요?

好的。
hǎo de.
| 좋아요.

## 2 几点

시간을 물을 때 쓴다. 시간을 나타내는 단어는 동사 앞에 놓인다.

예 你几点睡觉?
Nǐ jǐ diǎn shuìjiào?
| 당신은 몇 시에 잠을 잡니까?

你几点下班?
Nǐ jǐ diǎn xiàbān?
| 당신은 몇 시에 퇴근하십니까?

银行几点上班?
Yínháng jǐ diǎn shàngbān?
| 은행은 몇 시에 출근합니까?

你几点上课?
Nǐ jǐ diǎn shàngkè?
| 당신은 몇 시에 수업합니까?

## 3 二 과 两

시간을 읽을 때 "2"는 "兩"으로 읽는다. 그러나 10이상의 숫자를 읽을 때 "2"는 그대로 "二"로 읽는다.

예 2:00
两点
liǎng diǎn

12:00
十二点
shí èr diǎn

2:20
两点 二十 (分)
liǎng diǎn èr shí (fēn)

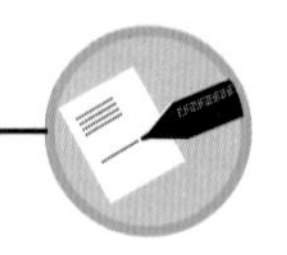

# 본문해설

## 4 시간 읽는 법

예 6:05 : 六点 零五 (分)
liù diǎn líng wǔ (fēn)

6:10 : 六点 十分
liù diǎn shí fēn

6:15 : 六点 十五 (分)
liù diǎn shíwǔ (fēn)

6:30 : 六点 三十 (分)
liù diǎn sānshí (fēn)

6:45 : 六点 四十五 (分)
liù diǎn sìshíwǔ (fēn)

6:59 : 六点 五十九 (分)
liù diǎn wǔshíjiǔ (fēn)

※( ) 안에 있는 것은 읽어도 되고 읽지 않아도 된다.

## 5 연동구조

두 개의 동사가 연이어 나타나는 구조이다. 이 때 두 번째 동사는 첫 번째 동사의 목적을 나타낸다.

예 六点十分我去接你，好吗？
Liù diǎn shí fēn wǒ qù jiē nǐ, hǎo ma?
| 6 시 10 분에 내가 너 데리러 갈게. 괜찮아?

一起去吃饭。
Yìqǐ qù chīfàn.
| 같이 가서 밥 먹자.

我们去喝茶。
Wǒmen qù hē chá.
| 우리 차 마시러 가자.

我该去睡觉了。
Wǒ gāi qù shuìjiào le.
| 나 자러 가야겠다.

你们去上课吗？
Nǐmen qù shàngkè ma?
| 너희들 수업 받으러 가니?

**

| 참고 |

## 숫자 10~100 읽는 법

十、 十一、 十二、 十三、 十四、 十五、 十六、
shí, shíyī, shí'èr, shísān, shísì, shíwǔ, shíliù,
10 11 12 13 14 15 16

十七、十八、 十九、 二十、 二十一、 二十二、……
shíqī, shíbā, shíjiǔ, èrshí, èrshíyī, èrshí'èr ......
17 18 19 20 21 22 ……

三十 ~ 三十九 …… 九十 ~ 九十九
sānshí ~ sānshíjiǔ ...... jiǔshí ~ jiǔshíjiǔ
30 ~ 39 …… 90 ~ 99

一百
yìbǎi
100

단어+

早(上) + 饭 → 早饭
zǎo(shang)+ fàn→ zǎofàn
아침 + 밥 → 아침밥

(中)午 +饭 → 午饭
(zhōng) wǔ+fàn → wǔfà
점심 +밥 → 점심밥

晚(上) +饭 → 晚饭
wǎn(shang) +fàn → wǎnfàn
저녁 +밥 → 저녁밥

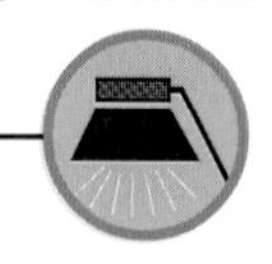

# 문형연습

## 1 보기와 같이 물음에 답하세요.

| 보기 |

甲 _ 你几点起床? | 당신은 몇 시에 일어납니까?
Nǐ jǐ diǎn qǐchuáng?

乙 _ 我六点一刻起床。 | 저는 6 시 15 분에 일어납니다.
Wǒ liù diǎn yí kè qǐchuáng.

问 _ 她几点起床? | 그녀는 몇 시에 일어납니까?
Tā jǐ diǎn qǐchuáng?

学生_ 她六点一刻起床。 | 그녀는 6 시 15 분에 일어납니다.
Tā liù diǎn yí kè qǐchuáng.

① 甲 _ 你几点上班?
Nǐ jǐ diǎn shàngbān?

乙 _ 我上午九点上班。
Wǒ shàngwǔ jiǔ diǎn shàngbān.

问 _ 她几点上班?
Tā jǐ diǎn shàngbān?

学生 ______________________。

② 甲 _ 你中午几点吃饭?
Nǐ zhōngwǔ jǐ diǎn chīfàn?

乙 _ 我中午十二点 半 吃饭。
Wǒ zhōngwǔ shí'èr diǎn bàn chīfàn.

问 _ 她中午几点吃饭?
Tā zhōngwǔ jǐ diǎn chīfàn?

学生 ______________________。

③ 甲 _ 你几点下班?
Nǐ jǐ diǎn xiàbān?

乙 _ 我下午六点下班。
Wǒ xiàwǔ liù diǎn xiàbān.

问 _ 她几点下班?
Tā jǐ diǎn xiàbān?

学生 ______________________。

**보충단어**

- 一刻 [yíkè] 15 분
- 上午 [shàngwǔ] 오전
- 中午 [zhōngwǔ] 정오
- 半 [bàn] 반(30 분)
- 下午 [xiàwǔ] 오후

**

## 2 보기와 같이 물음에 답하세요.

| 보 기 |

甲 _ 一起去吃早饭,好吗? | 같이 아침 밥 먹으러 가자. 어때?
Yìqǐ qù chī zǎofàn, hǎo ma?

乙 _ 好的。 | 좋아.
Hǎo de.

问 _ 他们一起去吃早饭吗? | 그들은 같이 아침 밥을 먹으러 갑니까?
Tāmen yìqǐ qù chī zǎofàn ma?

学生_ 是,他们一起去吃早饭。 | 예, 그들은 같이 아침 밥을 먹으러 갑니다.
Shì, tāmen yìqǐ qù chī zǎofàn.

① 甲 _ 一起去吃午饭,好吗?
Yìqǐ qù chī wǔfàn, hǎo ma?

乙 _ 好的。
Hǎo de.

问 _ 他们一起去吃午饭吗?
Tāmen yìqǐ qù chī wǔfàn ma?

学生_ 是,________________。
Shì, ________________.

② 甲 _ 一起去吃晚饭,好吗?
Yìqǐ qù chī wǎnfàn, hǎo ma?

乙 _ 谢谢。我不去,我没有时间。
Xièxie. Wǒ bú qù, wǒ méiyǒu shíjiān.

问 _ 他们一起去吃晚饭吗?
Tāmen yìqǐ qù chī wǎnfàn ma?

学生_ 不,________________。
Bù, ________________.

**보충단어**

- 早饭 [zǎofàn] 아침밥
- 午饭 [wǔfàn] 점심밥
- 晚饭 [wǎnfàn] 저녁밥

# 문형연습

**

## 3 다음의 시간을 중국어로 말해보세요.

| 보기 |

7:10a.m.

早上 七点 十分
zǎoshang qī diǎn shí fēn
-- 오전 7 시 10 분

① 6:30a.m. ② 9:15a.m.
③ 12:30p.m. ④ 5:15p.m.
⑤ 11:30p.m.

## 4 주어진 단어를 사용하여 질문을 완성하세요.

① 学生 _ 这个 商店 ______________ ?(开门)
Zhèige shāngdiàn ______________ ?(kāimén)

答 _ 早上 八点 半。
Zǎoshang bā diǎn bàn.

学生 _ 这个 商店 ______________ ?(关门)
Zhèige shāngdiàn ______________ ?(guānmén)

答 _ 晚上 九点。
Wǎnshang jiǔ diǎn.

② 学生 ______________ ?(开门)
______________ ?(kāimén)

答 _ 早上 九点。
Zǎoshang jiǔ diǎn.

学生 ______________ ?(关门)
______________ ?(guānmén)

答 _ 晚上 九点 半。
Wǎnshang jiǔ diǎn bàn.

**보충단어**

- 早上 [zǎoshang] 아침
- 商店 [shāngdiàn] 상점
- 开门 [kāimén] 문을 열다
- 答 [dá] 대답
- 关门 [guānmén] 문을 닫다

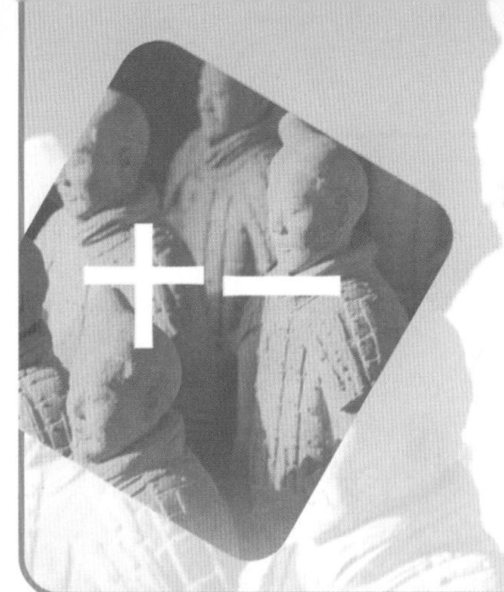


# 天龙公司在哪儿?

## Tiānlóng Gōngsī Zài Nǎr?

## 텐롱회사는 어디에 있습니까?

## 핵심표현

**

### 1 두 곳 사이의 거리 묻기

**天龙 公司离这儿 远不远?**
Tiānlóng Gōngsī lí zhèr yuǎn bù yuǎn?
| 텐롱회사는 여기에서 멉니까?

### 2 위치 묻기

**(天龙 公司)在哪儿?**
(Tiānlóng Gōngsī) Zài nǎr?
|(텐롱회사)는 어디에 있습니까?

### 3 위치 대답하기

**在 颐和园 附近。**
Zài Yíhéyuán fùjìn.
| 이화원 부근에 있습니다.

**在 北边(东边、西边、南边)。**
Zài běibiān (dōngbian, xībian,nánbian).
| 북쪽(동쪽, 서쪽, 남쪽)에 있습니다.

### 새단어

- 公司 [gōngsī] 회사
- 离 [lí] ~에서(거리)
- 这儿 [zhèr] 여기
- 远 [yuǎn] 멀다
- 挺……的 [tǐng……de] 매우~하다
- 哪儿 [nǎr] 어디
- 北边 [běibiān] 북쪽
- 看 [kàn] 보다
- 附近 [fùjìn] 부근
- 现在 [xiànzài] 현재, 지금

**| 고유명사 |**

- 天龙公司 [Tiānlóng Gōngsī] 텐롱회사
- 颐和园 [Yíhéyuán] 이화원

## 회화

**

찾아 가려는 곳의 위치를 어떻게 물어볼까? 두 지점간의 거리를 어떻게 물어볼까?

(팡쉐친은 방금 출근했다. 어떤 일이 그녀를 기다리고 있는지 살펴보자.)

方雪芹_ 早上好!
Zǎoshang hǎo!

赵天会_ 早上好! 今天我们一起去天龙公司。
Zǎoshang hǎo! Jīntiān wǒmen yìqǐ qù Tiānlóng Gōngsī.

方雪芹_ 天龙公司离这儿远不远?
Tiānlóng Gōngsī lí zhèr yuǎn bù yuǎn?

赵天会_ 挺远的。
Tǐng yuǎn de.

方雪芹_ 在哪儿?
Zài nǎr?

赵天会_ 在颐和园附近。(지도를 가리키며)
Zài Yíhéyuán fùjìn.
你看,在这儿。
Nǐ kàn, zài zhèr.

方雪芹_ 现在走吗?
Xiàn zài zǒu ma?

赵天会_ 现在走。
Xiàn zài zǒu.

方雪芹_ 好!
Hǎo!

# 본문해설

**

## 1 두 지점간의 거리 묻기

"A 离 B 远不远?"은 두 지점 간의 거리를 물을 때 쓴다. B지점은 이미 알고 있는 곳이거나 묻는 사람이 있는 지점이며, A는 알고자하는 지점이다.

예 天龙 公司离这儿远不远?
Tiānlóng Gōngsī lí zhèr yuǎn bù yuǎn?
| 텐롱회사는 여기에서 멉니까?

A 离 B 远不远?
A lí B yuǎn bù yuǎn?
| A는 B에서 멉니까?

远
Yuǎn.
| 멉니다.

你家离公司远不远?
Nǐ jiā lí gōngsī yuǎn bù yuǎn?
| 당신의 집은 회사에서 멉니까?

不远。
Bù yuǎn.
| 멀지 않습니다.

## 2 挺……的

"挺+형용사+的"는 "아주 ~하다"라는 뜻으로 정도가 비교적 강함을 나타낸다. 그 정도가 약하면 "很+형용사"를 쓴다.

예 挺 远 的。
Tǐng yuǎn de.
| 아주 멉니다.

很 远
Hěn yuǎn
| 멉니다.

挺 + 형용사 + 的

挺近的。
Tǐng jìn de.
| 아주 가깝습니다.

挺 忙 的。
Tǐng máng de.
| 아주 바쁩니다.

挺累的。
Tǐng lèi de.
| 아주 피곤합니다.

挺渴的。
Tǐng kě de.
| 아주 목이 마릅니다.

## 본문해설

**

### 3 这、那、哪+儿

"这+儿、那+儿" 은 지점과 방위를 나타낼 때 사용하고, "哪+儿" 은 지점과 방위를 물을 때 사용한다.

예 (天龙公司) 在哪儿?
(Tiānlóng Gōngsī) zài nǎr?
| (텐롱회사)는 어디에 있습니까?

(天龙公司) 在这儿。
(Tiānlóng Gōngsī) Zài zhèr.
| (텐롱회사)는 여기에 있습니다.

"在+지점+방위를 표시하는 명사" 형태의 대답

예 (天龙公司) 在颐和园附近。
(Tiānlóng Gōngsī) Zài Yíhéyuán fùjìn.
| (텐롱회사)는 이화원 부근에 있습니다.

我家在 商店 北边。
Wǒ jiā zài shāngdiàn běibiān.
| 우리 집은 상점 북쪽에 있습니다.

公司 在我家附近。
Gōngsī zài wǒ jiā fùjìn.
| 회사는 우리 집 부근에 있습니다.

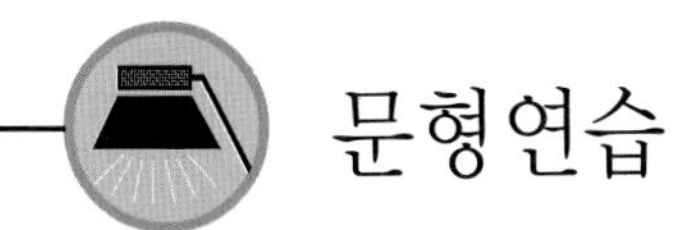

# 문형연습

**

## 1 보기와 같이 대화를 완성하세요.(挺…的)

| 보 기 |

甲 _ 上海离北京 远不远?
Shànghǎi lí Běijīng yuǎn bù yuǎn?
| 샹하이는 베이징에서 멉니까?

乙 _ 挺远的。
Tǐng yuǎn de.
| 아주 멉니다.

问 _ 上海离北京 远不远?
Shànghǎi lí Běijīng yuǎn bù yuǎn?
| 샹하이는 베이징에서 멉니까?

学生 _ 上海离北京挺远的。
Shànghǎi lí Běijīng tǐng yuǎn de.
| 샹하이는 베이징에서 아주 멉니다.

① 甲 _ 南京 离 上海 远不远?
Nánjīng lí Shànghǎi yuǎn bù yuǎn?

乙 _ 不 远，挺 近的。
Bù yuǎn, tǐng jìn de.

问 _ 南京 离 上海 远不远
Náijīng lí Shànghǎi yuǎn bù yuǎn?

学生 _ 南京 ______________________。
Nánjīng ______________________.

② 甲 _ 广州 离 北京 远不远?
Guǎngzhōu lí Běijīng yuǎn bù yuǎn?

乙 _ 很 远。
Hěn yuǎn.

问 _ 广州 离 北京 远不远?
Guǎngzhōu lí Běijīng yuǎn bù yuǎn?

学生 _ 广州 ______________________。
Guǎngzhōu ______________________.

**보충단어**

- 近
  [jìn]
  가깝다

|고유명사|

- 上海
  [Shànghǎi]
  샹하이
- 南京
  [Nánjīng]
  난징
- 广州
  [Guǎngzhōu]
  광저우(지명)

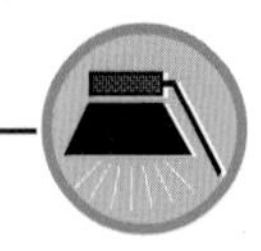

# 문형연습

③ 甲 _ 西安离北京远不远?
Xī'ān lí Běijīng yuǎn bù yuǎn?

乙 _ 西安离北京也挺远的。
Xī'ān lí Běijīng yě tǐng yuǎn de.

问 _ 西安离北京远不远?
Xī'ān lí Běijīng yuǎn bù yuǎn?

学生 _ 西安 ______________________。
Xī'ān ______________________.

보충단어

|고유명사|

- 西安
  [Xī'ān]
  시안(지명)

## 2 보기와 같이 물음에 답하세요.

|보기|

| | | |
|---|---|---|
| 甲 _ | 邮局在哪儿?<br>Yóujú zài nǎr? | 우체국은 어디에 있습니까? |
| 乙 _ | 邮局在商店附近。<br>Yóujú zài shāngdiàn fùjìn. | 우체국은 상점 부근에 있습니다. |
| 问 _ | 邮局在哪儿?<br>Yóujú zài nǎr? | 우체국은 어디에 있습니까? |
| 学生 _ | 邮局在商店附近。<br>Yóujú zài shāngdiàn fùjìn. | 우체국은 상점 부근에 있습니다. |

① 甲 _ 银行在哪儿?
Yínháng zài nǎr?

乙 _ 银行在商店 旁边。
Yínháng zài shāngdiàn pángbiān.

问 _ 银行在哪儿?
Yínháng zài nǎr?

学生 ______________________。

보충단어

- 邮局
  [yóujú]
  우체국
- 银行
  [yínháng]
  은행
- 旁边
  [páng biān]
  옆

**

② 甲 — 医院 在 哪儿?
Yīyuàn zài nǎr?
乙 — 医院 在 银行 对面， 学校 旁边。
Yīyuàn zài yínháng duìmiàn,xuéxiào pángbiān.
问 — 医院 在 哪儿?
Yīyuàn zài nǎr?
学生 ____________________。

③ 甲 — 你 在 哪儿?
Nǐ zài nǎr?
乙 — 我 在 这儿，在 商店 前边。
Wǒ zài zhèr, zài shāngdiàn qiánbian.
问 — 他 在 哪儿?
Tā zài nǎr?
学生 ____________________。

④ 甲 — 你 前边 是 谁?
Nǐ qiánbian shì shéi?
乙 — 我 前边 是 妈妈。
Wǒ qiánbian shì māma.
问 — 他 前边 是 谁?
Tā qiánbian shì shéi?
学生 ____________________。

⑤ 甲 — 你 后边 是 谁?
Nǐ hòubian shì shéi?
乙 — 我 后边 是 我 爸爸。
Wǒ hòubian shì wǒ bàba.
问 — 他 后边 是 谁?
Tā hòubian shì shéi?
学生 ____________________。

보충단어

- 医院 [yīyuàn] 병원
- 对面 [duìmiàn] 맞은 편
- 学校 [xuéxiào] 학교
- 前边 [qiánbian] 앞쪽
- 后边 [hòubian] 뒤쪽, 뒤편

# 택시

택시는 중국어로 "出租汽车 chūzū qìchē"라고 한다. 베이징에는 현재 약 6만여 대의 택시가 있으며 샹하이(上海)와 광저우(广州)에는 약 3만여 대가 있다.

거리의 차량흐름 속에서 택시는 가장 눈에 많이 띈다고 할 수 있으며, 차의 머리 위에 영문 혹은 중문으로 택시라는 표시를 해두었다. 특이하게 택시의 차창에는 보통 택시요금이 붙어 있고 차 문에는 택시 회사명이 적혀있다.

중국에서 순수한 개인소유의 택시는 극히 적으며 일반적으로 택시회사에 소속이 되어 있다. 중국 택시는 차의 종류와 에어컨이 있는지의 여부에 따라 요금이 달라진다. 또 시내 구간을 운행하는 데는 미터 요금을 받지만 외곽으로 나갈 때에는 기사와 미리 요금을 결정해야 한다.

가장 눈에 띄는 점은 강도를 막기 위해 운전석 옆과 뒤에 철조망이 설치되어 있는 것이다.

# 十二 不用谢！

Búyòng Xiè!

천만에요.

## 핵심표현

**1 谢谢에 대한 대답**

**不用谢！**
Búyòng xiè!
| 천만에요.

**2 강조의 就**

**会议室旁边就是。**
Huìyìshì pángbiān jiùshì.
| 회의실 바로 옆입니다.

### 새단어

| | | | | | |
|---|---|---|---|---|---|
| • 洗手间 | [xǐshǒujiān] | 화장실 | • 办公室 | [bàngōngshì] | 사무실 |
| 洗 | [xǐ] | 씻다 | • 前边 | [qiánbian] | 앞쪽 |
| 手 | [shǒu] | 손 | • 会议室 | [huìyìshì] | 회의실 |
| • 那儿 | [nàr] | 거기, 저기 | • 旁边 | [pángbiān] | 옆 |
| • 电梯 | [diàntī] | 엘리베이터, 리프트 | • 就 | [jiù] | 바로 |
| • 对面 | [duìmiàn] | 맞은편 | • 厕所 | [cèsuǒ] | 화장실 |
| • 不(用)谢 | [bú(yòng)xiè] | 천만에요. | | | |
| 用 | [yòng] | 쓰다 | | | |

# 회화

장소를 묻는 말에 어떻게 대답할까? 다른 사람이 고마움을 표현할때 어떻게 대답할까?

(지금 팡쉐친과 그의 동료는 텐롱회사 건물 안에 있다.)

方雪芹_ 等我一下。
Děng wǒ yíxià.

赵天会_ 好。
Hǎo.

方雪芹_ (안내원에게 묻는다) 小姐，请问，洗手间在哪儿?
Xiǎojiě, qǐngwèn, xǐshǒujiān zài nǎr?

服务员_ 在那儿，在电梯对面。
Zài nàr, zài diàntī duìmiàn.

方雪芹_ 谢谢!
Xièxie!

服务员_ 不用谢!
Búyòng xiè!

(짜오텐휘가 안내원에게 묻는다)

赵天会_ 请问，经理办公室在哪儿?
Qǐngwèn, jīnglǐ bàngōngshì zài nǎr?

服务员_ 在前边，会议室旁边就是。
Zài qiánbian, huìyìshì pángbiān jiùshì.

赵天会_ 谢谢!
Xièxie!

服务员_ 不用谢!
Búyòng xiè!

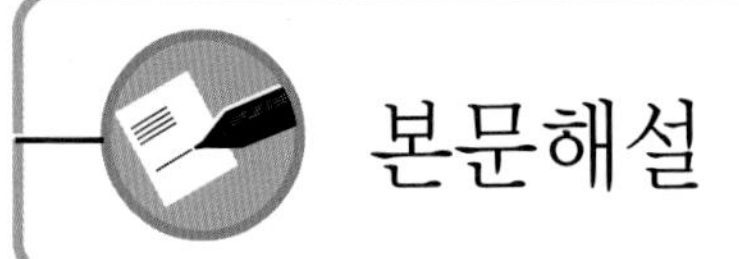

# 본문해설

## 1 화장실의 화법

보통 빌딩, 호텔, 빌라 등에 있는 화장실을 "洗手间" 또는 "卫生间"이라고 하고 일반 공공장소에 있는 화장실은 "厕所"라고 한다.

예 洗手间 xǐshǒujiān　　卫 生 间 wèishēngjiān　　厕所 cèsuǒ

## 2 不用谢

다른 사람의 감사의 말에 대답할 때에는 "不用谢", "不谢" 혹은 "不客气"라고 하는데 모두 "천만에요"라는 뜻이다.

예 不用 谢! Búyòng xiè!　　不谢! Bú xiè!　　不客气 Bú kèqi!

**

### 3 就是

"바로 ~이다"라는 뜻으로 강조를 나타낸다.

예 会议室旁边就是。
Huìyìshì pángbiān jiùshì.
| 회의실 바로 옆에 있습니다.

甲_ 喂，请问，× × × 在吗？
Wéi, qǐngwèn, × × × zài ma?
| 여보세요, 실례합니다만, ×××있습니까?

乙_ 我就是。
Wǒ jiù shì.
| 접니다.(제가 바로 ×××입니다.)

甲_ 谁是方雪芹？
Shéi shì Fāng Xuěqín?
| 누가 팡쉐친입니까?

乙_ 她就是方雪芹。
Tā jiùshì Fāng Xuěqín.
| 그녀가 바로 팡쉐친입니다.

甲_ 请问，颐和园离这儿远不远？
Qǐngwèn, Yíhéyuán lí zhèr yuǎn bù yuǎn?
| 실례지만 이화원은 여기서 멉니까?

乙_ 不远，前边就是。
Bù yuǎn, qiánbian jiùshì.
| 멀지 않습니다, 바로 앞쪽에 있습니다.

## 문형연습

**1** 주어진 단어를 사용하여 보기와 같이 물음에 답하세요.

| 东边 | 南边 | 西边 | 北边 |
|---|---|---|---|
| dōngbian | nánbian | xībian | běibian |
| 동쪽 | 남쪽 | 서쪽 | 북쪽 |

**보기**

甲 _ 银行在哪儿? | 은행은 어디에 있습니까?
Yínháng zài nǎr?

乙 _ 银行在商店南边。 | 은행은 상점 남쪽에 있습니다.
Yínháng zài shāngdiàn nánbian.

问 _ 银行在哪儿? | 은행은 어디에 있습니까?
Yínháng zài nǎr?

学生_ 银行在商店南边。 | 은행은 상점 남쪽에 있습니다.
Yínháng zài shāngdiàn nánbian.

① 甲 _ 医院在哪儿?
Yīyuàn zài nǎr?

乙 _ 在银行西边，学校南边。
Zài yínháng xībian, xuéxiào nánbian.

问 _ 医院在哪儿?
Yīyuàn zài nǎr?

学生_ 医院 ______________________。
Yī yuàn ______________________.

② 甲 _ 邮局在哪儿?
Yóujú zài nǎr?

乙 _ 邮局在学校东边， 商店 北边。
Yóujú zài xuéxiào dōngbian, shāngdiàn běibian.

问 _ 邮局在哪儿?
Yóujú zài nǎr?

学生_ 邮局 ______________________。
Yóujú ______________________.

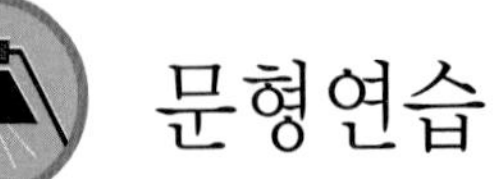

# 문형연습

**

**2** **다음 문장을 중국어로 바꾸세요.**

① 팡쉐친의 회사는 병원 북쪽에 있습니다.

______________________________。

② 화장실은 사무실 맞은편에 있습니다.

______________________________。

③ 병원은 상점 옆에 있습니다.

______________________________。

④ 짜오텐휘의 집은 텐롱(天龙 ) 회사 근처에 있습니다.

______________________________。

## 간체자연습

| 电 diàn · 電 | 电 | 电 | 电 | 电 | 电 | 电 |
|---|---|---|---|---|---|---|
| 边 biān · 邊 | 边 | 边 | 边 | 边 | 边 | 边 |
| 厕 cè · 厠 | 厕 | 厕 | 厕 | 厕 | 厕 | 厕 |

# 星期五晚上我得上课。

Xīngqīwǔ Wǎnshang Wǒ Děi Shàngkè.

금요일 저녁에 나는 수업에 가야 한다.

## 핵심표현

**1 어쩔 수 없이 하는 일을 말할 때**

**我得 上课。**
Wǒ děi shàngkè.
| 나는 수업에 가야 한다.

**2 바람을 나타낼 때**

**我 想 练习练习英语口语。**
Wǒ xiǎng liànxí liànxí yīngyǔ kǒuyǔ.
| 나는 영어 회화를 연습하고 싶다.

### 새단어

- **星期五** [xīngqīwǔ] 금요일
- **聚会** [jùhuì] 모임, 집회
- **得** [děi] ~해야만 한다
- **英语** [Yīngyǔ] 영어
- **口语** [kǒuyǔ] 회화, 구어
- **想** [xiǎng] ~하고 싶다
- **练习** [liànxí] 연습
- **星期六** [xīngqīliù] 토요일
- **陪** [péi] 모시다, 동반하다

# 회화

**

요일을 어떻게 표현할까?

(팡쉐친과 리원룽이 커피숍에서 이야기를 하고 있다.)

李文龙_ 星期五晚上有个聚会，你有时间吗？
Xīngqīwǔ wǎnshang yǒu ge jùhuì, nǐ yǒu shíjiān ma?

方雪芹_ 星期五晚上？我得上课。
Xīngqīwǔ wǎnshang? Wǒ děi shàngkè.

李文龙_ 上课？上什么课？
Shàngkè? Shàng shénme kè?

方雪芹_ 英语课。
Yīngyǔ kè.

李文龙_ 上英语课？
Shàng Yīngyǔ kè. ?

方雪芹_ 对，英语口语，
Duì, Yīngyǔ kǒuyǔ

我想练习练习英语口语。
wǒ xiǎng liànxí liànxí Yīngyǔ kǒuyǔ.

李文龙_ (약간 불만스러운 듯이)

挺好的。
Tǐng hǎo de.

方雪芹_ (위로하며)

星期六晚上我陪你，好不好？
Xīngqīliù wǎnshang wǒ péi nǐ, hǎo bù hǎo?

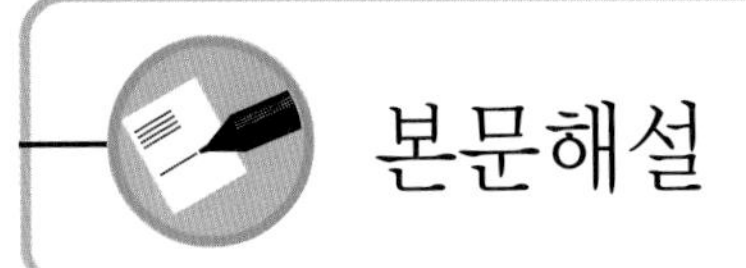

# 본문해설

**

## 1 요일의 표현법

월, 화, 수, 목, 금, 토, 일은 다음과 같이 나타낸다.

예
星期一
xīngqīyī
월요일

星期二
xīngqī'èr
화요일

星期三
xīngqīsān
수요일

星期四
xīngqīsì
목요일

星期五
xīngqīwǔ
금요일

星期六
xīngqīliù
토요일

星期日
xīngqīrì
일요일

무슨 요일인지 물을 때 "**星期几**" 를 사용한다.

예
今天 星期几?
Jīntiān xīngqī jǐ?
| 오늘은 무슨 요일입니까?

今天星期五。
Jīntiān xīngqīwǔ.
| 오늘은 금요일입니다.

## 2 得의 용법

"~해야한다"라는 뜻으로 "**dé**"가 아닌 "**děi**"로 발음한다.

예
星期五 晚上 我得上课。
Xīngqīwǔ wǎnshang wǒ děi shàng kè.
| 금요일 저녁에 나는 수업을 해야한다.(받아야 한다)

下午我得上班。
Xiàwǔ wǒ děi shàng bān.
| 오후에 나는 일하러 가야 한다.

现在我得去吃饭。
Xiànzài wǒ děi qù chīfàn.
| 지금 나는 밥을 먹으러 가야 한다.

晚上 我得去接她。
Wǎnshang wǒ děi qù jiē tā.
| 저녁에 나는 그녀를 데리러 가야 한다.

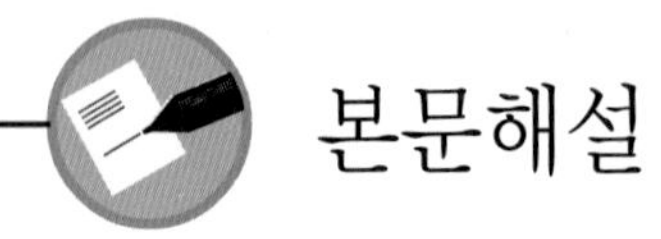

# 본문해설

## 3 이음절 동사의 중첩

동사의 중첩형식과 "동사 +一下"의 형식은 둘 다 "좀~해 보다"라는 뜻으로 동작 발생 시간이 짧고, 동작이 가벼우며 자연스럽게 행해지는 것을 나타낸다.

예 我想练习练习英语口语。
Wǒ xiǎng liànxí liànxí Yīngyǔ kǒuyǔ.
| 나는 영어회화를 좀 연습하고 싶다.

请你 介绍介绍 中国。
Qǐng nǐ jièshào jièshào Zhōngguó.
| 당신이 중국에 대해서 좀 소개해 주세요.

我 想 看看 英语 书。
Wǒ xiǎng kànkan Yīngyǔ shū.
| 나는 영어 책을 좀 보고 싶다.

# 문형연습

**

## 1 보기와 같이 물음에 답하세요.

**보기**

| | | |
|---|---|---|
| 甲 — | 今天星期几?<br>Jīntiān xīngqī jǐ? | 오늘은 무슨 요일입니까? |
| 乙 — | 今天星期二。<br>Jīntiān xīngqī 'èr. | 오늘은 화요일입니다. |
| 问 — | 今天星期几?<br>Jīntiān xīngqī jǐ? | 오늘은 무슨 요일입니까? |
| 学生— | 今天星期二。<br>Jīntiān xīngqī'èr. | 오늘은 화요일입니다. |

① 甲 — **昨天 星期几?**
Zuótiān xīngqījǐ?

乙 — **昨天 星期一。**
Zuótiān xīngqīyī.

问 — **昨天 星期几?**
Zuótiān xīngqījǐ?

学生 ______________________________ 。

② 甲 — **前天 星期几?**
Qiántiān xīngqījǐ?

乙 — **前天 星期天。**
Qiántiān xīngqītiān.

问 — **前天 星期几?**
Qiántiān xīngqījǐ?

学生 ______________________________ 。

**보충단어**

- **昨天** [zuótiān] 어제
- **前天** [qiántiān] 그제, 엊그제

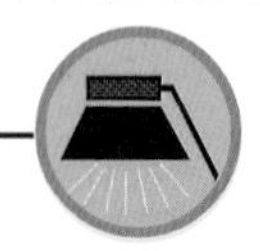

## 문형연습

③ 甲 _ 明天　星期几?
Míngtiān xīngqījǐ?

乙 _ 明天　星期三。
Míngtiān xīngqīsān.

问 _ 明天　星期几?
Míngtiān xīngqījǐ?

学生 ______________________________。

**보충단어**

- **明天** [míngtiān] 내일
- **后天** [hòutiān] 모레

④ 甲 _ 后天 星期几?
Hòutiān xīngqījǐ?

乙 _ 后天 星期四。
Hòutiān xīngqīsì.

问 _ 后天 星期几?
Hòutiān xīngqījǐ?

学生 ______________________________。

**

## 2 보기와 같이 물음에 답하세요.

| 보 기 |

甲 _星期一你上什么课?
Xīngqīyī nǐ shàng shénme kè?
| 월요일에 당신은 무슨 수업을 합니까?

乙 _我上汉语课。
Wǒ shàng Hànyǔ kè.
| 저는 중국어 수업을 합니다.

问 _他星期一上什么课?
Tā xīngqīyī shàng shénme kè?
| 그는 월요일에 무슨 수업을 합니까?

学 生_他星期一上汉语课。
Tā xīngqīyī shàng Hànyǔ kè.
| 그는 월요일에 중국어 수업을 합니다.

① 甲 _明天 你 上 什么 课?
Míngtiān nǐ shàng shénme kè?

乙 _我 上 汉字课。
Wǒ shàng Hànzì kè.

问 _明天 他 上 什么 课?
Míngtiān tā shàng shénme kè?

学 生_他________________________。

② 甲 _这个星期 你 有没有 汉语课?
Zhèige xīngqī nǐ yǒu méiyǒu Hànyǔ kè?

乙 _这个 星期 我 没有 汉语课。
Zhèige xīngqī wǒ méiyǒu Hànyǔ kè.

问 _这个星期 他 有没有 汉语课?
Zhèige xīngqī tā yǒu méiyǒu Hànyǔ kè?

学 生_他________________________。

보충단어

- **汉字** [Hànzì] 한자
- **汉语** [Hànyǔ] 중국어
- **这个星期** [zhè ge xīngqī] 이번주

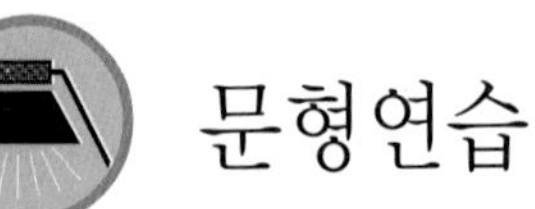

# 문형연습

**

③ 甲 _ **这个星期 你 有没有 日语课?**
Zhèige xīngqī nǐ yǒu méiyǒu Rìyǔ kè?

乙 _ **这个星期 我 没有 日语课，下个星期 有。**
Zhèige xīngqī wǒ méiyǒu Rìyǔ kè, xià ge xīngqī yǒu.

问 _ **这个星期 他 有没有 日语课?**
Zhèige xīngqī tā yǒu méiyǒu Rìyǔ kè?

学生 ______________________，____________________。

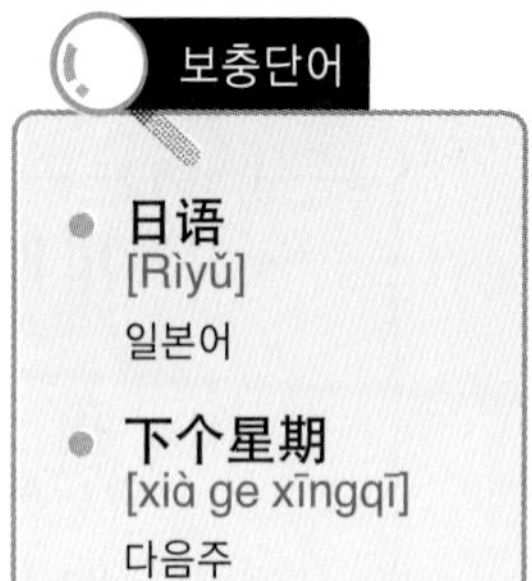


## 간체자연습

# 你每星期上几次课?

Nǐ Měi Xīngqī Shàng Jǐ Cì Kè?

당신은 매주 몇 번 수업이 있습니까?

## 핵심표현

**1 빈도를 물을 때**

**每星期 上几次课?**
Měi xīngqī shàng jǐ cì kè?
| 매주 몇 번 수업이 있나요?

**2 시간의 길고 짧음을 물을 때**

**每次 多长 时间?**
Měi cì duō cháng shíjiān?
| 매번 시간은 얼마나 걸리죠?

### 새단어

- **每** [měi] 매
- **星期** [xīngqī] 주
- **次** [cì] 차례, 번
- **星期天** [xīngqītiān] 일요일
- **多长** [duōcháng] 얼마나 길게
- **小时** [xiǎoshí] 시간
- **外国** [wàiguó] 외국
  **外国人** [wàiguórén] 외국인

**| 고유명사 |**

- **加拿大** [Jiānádà] 캐나다(국가명)
- **加拿大人** [Jiānádàrén] 캐나다인

## 회화

"몇 번, 몇 차례", "얼마 동안" 이라는 표현을 중국어로 어떻게 할까?

(리원룽은 팡쉐친의 영어 수업에 대해 질문 한다.)

李文龙_ 你每星期上几次课?
Nǐ měi xīngqī shàng jǐ cì kè?

方雪芹_ 两次。星期五 晚上和星期天上午。
Liǎng cì. Xīngqīwǔ wǎnshang hé xīngqītiān shàngwǔ.

李文龙_ 每次多长时间?
Měi cì duōcháng shíjiān?

方雪芹_ 每次三个小时。
Měi cì sān ge xiǎoshí.

李文龙_ 得上几个星期啊?
Děi shàng jǐ ge xīngqī a?

方雪芹_ 十个星期。
Shí ge xīngqī.

李文龙_ 老师是中国人还是外国人?
Lǎoshī shì Zhōngguórén háishi wàiguórén?

方雪芹_ 两个老师都是加拿大人!
Liǎngge lǎoshī dōu shì Jiānádàrén.

# 본문해설

**

## 1 每와 양사

“每”가 “年, 天, 分(钟)” 등의 단어 앞에 쓰일 경우, 중간에 양사를 쓰면 안되지만, 일반 명사 앞에 쓰일 경우에는 반드시 양사를 써야한다. 그러나 星期, 小时, 人 등의 명사는 양사를 써도 되고 안써도 된다.

예 每＋～ 每＋(양사)＋ ～每＋(양사)＋～

| 每＋～ | 每＋(양사)＋ | | ～每＋(양사)＋～ |
|---|---|---|---|
| 每 年<br>měi nián<br>매년 | 每 星期<br>měi xīngqī<br>매주 | 每 个星期<br>měi ge xīngqī<br>매주 | 每 个 公司<br>měi ge gōngsī<br>매 회사(모든 회사) |
| 每 天<br>měi tiān<br>매일 | 每 小时<br>měi xiǎoshí<br>매 시간 | 每 个 小时<br>měi ge xiǎoshí<br>매 시간 | 每 个 学生<br>měi ge xuésheng<br>매 학생(모든 학생) |
| 每 分(钟)<br>měi fēn(zhōng)<br>매분 | 每 人<br>měi rén<br>매 사람 | 每 个 人<br>měi ge rén<br>매 사람(모두) | |

## 2 수량사는 동작의 수량을 표시한다.

어떤 동작의 횟수를 표시하려면, 동사 뒤에 수량사를 붙여야한다.

예 甲_你每星期上几次课?
Nǐ měi xīngqī shàng jǐ cì kè?
| 당신은 매 주에 몇 번 수업을 합니까?(수업을 받습니까?)

乙_我每星期上两次课。
Wǒ měi xīngqī shàng liǎng cì kè.
| 저는 매 주에 두 번 수업을 합니다.(수업을 받습니다.)

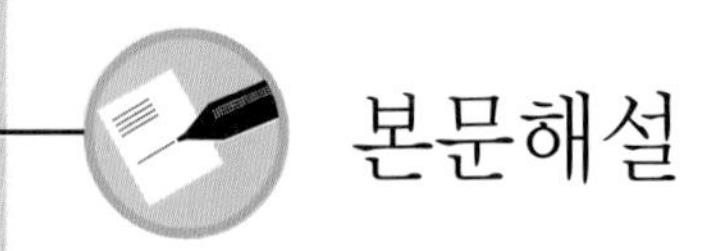

# 본문해설

**3** 多长 + 시간

시간이 얼마나 걸리는지 물을 때 사용하며 "몇 시간이나, 얼마나"라는 뜻이다.

예 甲_ 每次 多长 时间?
Měi cì duō cháng shíjiān?
| 매번 몇 시간이나 걸립니까?

乙_ 每次 三个 小时。
Měi cì sān ge xiǎoshí.
| 매번 3 시간 걸립니다.

甲_ 你 每天 上课 上 多长 时间?
Nǐ měitiān shàng kè shàng duō cháng shíjiān?
| 당신은 매일 몇 시간이나 수업을 합니까?

乙_ 每天 上 四个 小 时。
Měitiān shàng sì ge xiǎoshí.
| 매일 4 시간 합니다.

甲_ 你 每天 睡觉 睡 多长 时间?
Nǐ měitiān shuìjiào shuì duō cháng shíjiān?
| 당신은 매일 잠은 몇 시간 잡니까?

乙_ 我 每天 睡 八个小时。
Wǒ měitiān shuì bā ge xiǎoshí.
| 저는 매일 8 시간 잡니다.

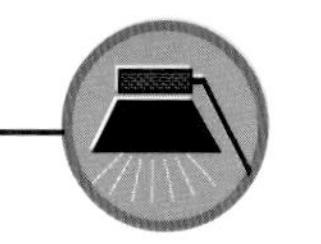

# 문형연습

**

## 1 보기와 같이 물음에 답하세요.

| 보 기 |

甲 — 你每星期上几次汉语课?
Nǐ měi xīngqī shàng jǐ cì Hànyǔ kè?
| 당신은 매주에 몇 번 중국어 수업을 받습니까?

乙 — 三次。
Sān cì.
| 3 번 받습니다.

问 — 她每星期上几次汉语课?
Tā měi xīngqī shàng jǐ cì Hànyǔ kè?
| 그녀는 매주에 몇 번 중국어 수업을 받습니까?

学生 — 她每星期上三次汉语课。
Tā měi xīngqī shàng sān cì Hànyǔ kè.
| 그녀는 매주 3 번 중국어 수업을 받습니다.

① 甲 — 你每天说汉语吗?
Nǐ měi tiān shuō Hànyǔ ma?

乙 — 对, 我每天说汉语。
Duì, wǒ měi tiān shuō Hànyǔ.

问 — 他每天说汉语吗?
Tā měi tiān shuō Hànyǔ ma?

学生 ______________________。

② 甲 — 你每天写汉字吗?
Nǐ měi tiān xiě Hànzì ma?

乙 — 对, 我每天写汉字。
Duì, wǒ měi tiān xiě Hànzì.

问 — 他每天写汉字吗?
Tā měi tiān xiě Hànzì ma?

学生 ______________________。

**보충단어**

- **说** [shuō] 말하다
- **对** [duì] 맞다, 네
- **写** [xiě] 쓰다

# 문형연습

**

③ 甲 _ 你每次写多长 时间 汉字?
Nǐ měi cì xiě duō cháng shíjiān Hànzì?

乙 _ 我每次写一个小时。
Wǒ měi cì xiě yí gè xiǎoshí.

问 _ 他每次写多长 时间 汉字?
Tā měi cì xiě duō cháng shíjiān Hànzì?

学生 ______________________________。

④ 甲 _ 你每星期都来上 英语课吗?
Nǐ měi xīngqī dōu lái shàng Yīngyǔ kè ma?

乙 _ 对,我每星期 都 来 上 英语课。
Duì, wǒ měi xīngqī dōu lái shàng Yīngyǔ kè.

问 _ 他每星期都来上 英语课吗?
Tā měi xīngqī dōu lái shàng Yīngyǔ kè ma?

学生 ______________________________。

보충단어
- 来
[lái]
오다

## 간체자연습

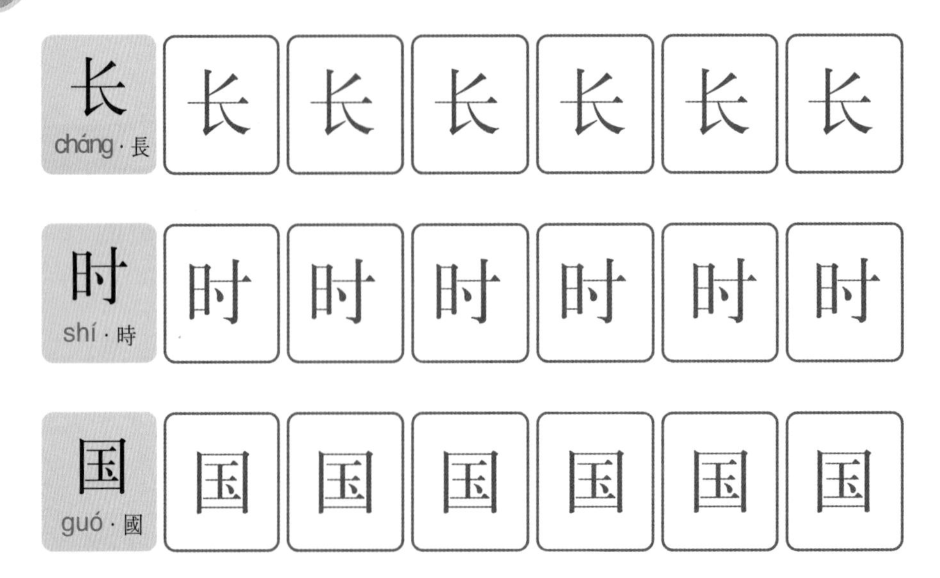

# 这是昨天的报纸。
Zhè Shì Zuótiān De Bàozhǐ.

이것은 어제의 신문이다.

## 핵심표현

**

**1 날짜 묻기**

**今天几月几号?**
Jīntiān jǐ yuè jǐ hào?
| 오늘은 몇 월 몇 일입니까?

**2 날짜 말하기**

**八月三十号。**
Bā yuè sān shí hào.
|8 월 30 일입니다.

**3 가격을 물을 때**

**多少 钱?**
Duōshao qián?
| 얼마입니까?

**4 인민폐**

**五毛/一块/两块五/一百块**
wǔ máo yí kuài liǎng kuài wǔ yì bǎi kuài
5 마오 1 콰이 2 콰이 5 마오 100 콰이

### 새단어

- 买 [mǎi] 사다
- 卖 [mài] 팔다
- 报纸 [bàozhǐ] 신문
- 月 [yuè] 월
- 号(日) [hào] 일
- 多少 [duōshao] 얼마
  多 [duō] 많다
  少 [shǎo] 적다
- 钱 [qián] 돈
- 毛(角) [máo] 마오 [중국화폐단위] 1 마오는 1 위엔의 1/10
- 块(元) [kuài] (콰이) [중국화폐단위]
- 分 [fēn] 펀 [중국화폐단위] 1 펀은 1 마오의 1/10
- 份 [fèn] 부, 통(신문 · 문건을 세는 단위)

## 회화

**

어떻게 날짜를 물어볼까, 어떻게 물건의 가격을 물어볼까?

(팡쉐친의 아버지와 어머니가 함께 외출을 하다가 아버지가 신문판매대를 발견한다)

方 父 _ (어머니에게) 我去买报纸。
Wǒ qù mǎi bàozhǐ.

(아버지가 신문 판매대 앞에 멈춰서, 신문 한 부를 뽑으며 어머니에게 묻는다)

方 父 _ 今天几月几号?
Jīntiān jǐ yuè jǐ hào?

方 母 _ 今天九月一号。
Jīntiān jiǔ yuè yī hào.

方 父 _ (신문을 보며 혼자말로 중얼거린다)
八月三十一号。
Bā yuè sānshí yī hào.

方 母 _ 这是昨天的报纸。
Zhèshì zuótiān de bàozhǐ.

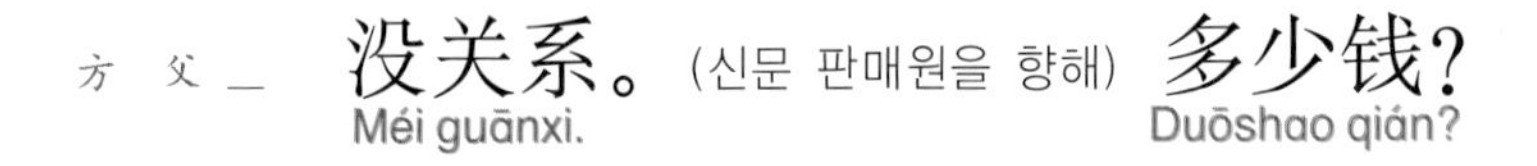

方 父 _ 没关系。(신문 판매원을 향해) 多少钱?
Méi guānxi. Duōshao qián?

卖报的 _ 五毛。
Wǔ máo.

方 父 _ (또 한 부를 뽑아들고) 这个多少钱?
Zhèige duōshao qián.

卖报的 _ 这个一块。
Zhèige yí kuài.

(어머니 1원5마오를 꺼내 판매원에게 준다)

# 본문해설

## 1 买 와 卖

"买"는 "사다"이고 "卖"는 "팔다"이다. 음은 같지만 성조와 글자가 다르므로 유의해야 한다.

예

我去买报纸。
Wǒ qù mǎi bàozhǐ.
| 나는 신문을 사러 간다.

卖报的
mài bào de
| 신문 판매원

我买报纸。
Wǒ mǎi bàozhǐ.
| 나는 신문을 산다.

他卖报纸。
Tā mài bàozhǐ.
| 그는 신문을 판다.

## 2 날짜 표시법

### "月" 표기법

| 一月 | 二月 | 三月 | ………… | 十二月 |
|---|---|---|---|---|
| yī yuè | èr yuè | sān yuè | ………… | shí' èr yuè |
| 1월 | 2월 | 3월 | ………… | 12월 |

### "日" 표기법

| 구어 | | | 서면어 | |
|---|---|---|---|---|
| 一 号 | [yī hào] | 1일 | 一日 | [yī rì] |
| 二 号 | [èr hào] | 2일 | 二日 | [èr rì] |
| 三 号 | [sān hào] | 3일 | 三日 | [sān rì] |

### "月, 日" 표기법

一月 一号(日)
yī yuè yī hào(rì)
|1월 1일

三月 五号(日)
sān yuè wǔ hào(rì)
|3월 5일

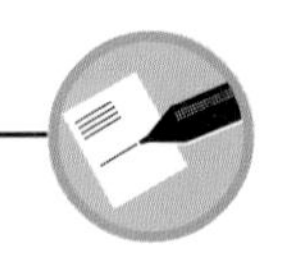

# 본문해설

## 3 날짜묻기

중국어에서는 다음과 같은 방법으로 날짜를 묻고 대답한다.

예

今天几月几号?
Jīntiān jǐ yuè jǐ hào?
| 오늘은 몇 월 몇 일입니까?

十月 一号。
Shí yuè yī hào.
| 10 월 1 일입니다.

今天几号?
Jīntiān jǐ hào?
| 오늘은 몇 일입니까?

今天 一号。
Jīntiān yī hào.
| 오늘은 1 일입니다.

## 4 인민폐의 단위

구어에서는 "块, 毛, 分"을 주로 사용하고, 서면어에서는 "元, 角, 分"을 많이 쓴다.
10分은 1角이고, 10角은 1元이다.

| 구어 | | | 서면어 | | |
|---|---|---|---|---|---|
| 块 | [kuài] | 콰이 | 元 | [yuán] | 위엔 |
| 毛 | [máo] | 마오 | 角 | [jiǎo] | 지아오 |
| 分 | [fēn] | 펀 | 分 | [fēn] | 펀 |

예

三块五毛。
Sān kuài wǔ máo.
| 3 콰이 5 마오

三元五角。
Sān yuán wǔ jiǎo.
| 3 위엔 5 지아오

**

**5** 多少를 사용하여 수량묻기

"几"는 10이하의 수를 물을 때에 주로 사용하지만, "多少"는 10이하나 10이상의 수를 물을 때 모두 사용할 수 있다.

예 甲_ 你每星期 上 多少次课?
Nǐ měi xīngqī shàng duōshao cì kè?
| 당신은 매주 몇 번 수업 하나요?

乙_ 三次。
Sān cì.
| 세 번요.

甲_ 多少钱?
Duōshao qián?
| 얼마인가요?

乙_ 一块五毛。
Yī kuài wǔ máo.
| 1 콰이 5 마오입니다.

甲_ 方雪芹家在多少号?
Fāng Xuěqín jiā zài duōshao hào?
| 팡쉐친의 집은 몇 호인가요?

乙_ 她家在 203 号。
Tā jiā zài èr líng sān hào.
| 그녀의 집은 203 호입니다.

# 본문해설

**

## 6 个와 신문의 양사

구어에서 "个"는 명사 전용 양사 대신 많이 쓰이며, 특히"这, 那, 哪"와 함께 쓰이는 경우가 많다. 신문의 양사로는 "份"과 "张"이 많이 쓰인다.

예 这个多少钱?
Zhèige duōshao qián?
| 이것은 얼마인가요?

一份报纸
yí fèn bàozhǐ
| 신문 한 부

一张报纸
yì zhāng bàozhǐ
| 신문 한 장

我买一份报纸。
Wǒ mǎi yí fèn bàozhǐ.
| 나는 신문 한 부를 산다.

这份报纸多少钱?
zhè fèn bàozhǐ duōshǎo qián?
| 이 신문은 한 부에 얼마인가요?

五毛四一份。
Wǔ máo sì yí fèn.
| 한 부에 5마오 4펀입니다.

五毛四(分)
Wǔ máo sì fēn.
| 5마오 4펀입니다.

## 문형연습 **

**1** 보기와 같이 물음에 답하세요.

| 보기 |

甲 _ 你的生日是几月几号?
Nǐ de shēngrì shì jǐ yuè jǐ hào?
| 당신의 생일은 몇 월 몇 일입니까?

乙 _ 10月 28 号。
Shí yuè èrshíbā hào.
| 10월 28일입니다.

问 _ 他的生日是几月几号?
Tā de shēngrì shì jǐ yuè jǐ hào?
| 그의 생일은 몇 월 몇 일입니까?

学生_ 他的生日是10月 28 号。
Tā de shēngrì shì shí yuè èrshíbā hào.
| 그의 생일은 10월 28일입니다.

① 甲 _ 一起看电影，好吗?
Yìqǐ kàn diànyǐng, hǎo ma?

乙 _ 好啊。几号的电影?
Hǎo a. Jǐ hào de diànyǐng?

甲 — 十一月三号。
Shí yī yuè sān hào.

问 _ 她们几号看电影?
Tāmen jǐ hào kàn diànyǐng?

学生 ______________________________。

② 甲 _ 你看几号的电影?
Nǐ kàn jǐ hào de diànyǐng?

乙 _ 我看二十一号的电影。
Wǒ kàn èrshíyī hào de diànyǐng.

问 _ 他看几号的电影?
Tā kàn jǐ hào de diànyǐng?

学生 ______________________________。

**보충단어**

- **生日** [shēngrì] 생일
- **电影** [diànyǐng] 영화

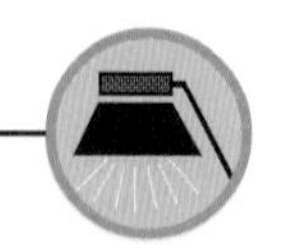

# 문형연습

**

③ 甲 _ 现在有几号的电影票?
Xiànzài yǒu jǐ hào de diànyǐngpiào?

乙 _ 十二月一号、二号、三号 的 电影票 都有。
Shí'èr yuè yī hào, èr hào, sān hào de diànyǐngpiào dōu yǒu.

你买几号的票?
Nǐ mǎi jǐ hào de piào?

甲 _ 我买一号的票。
Wǒ mǎi yī hào de piào.

问 _ 他买几号的票?
Tā mǎi jǐ hào de piào?

学生 ________________________________。

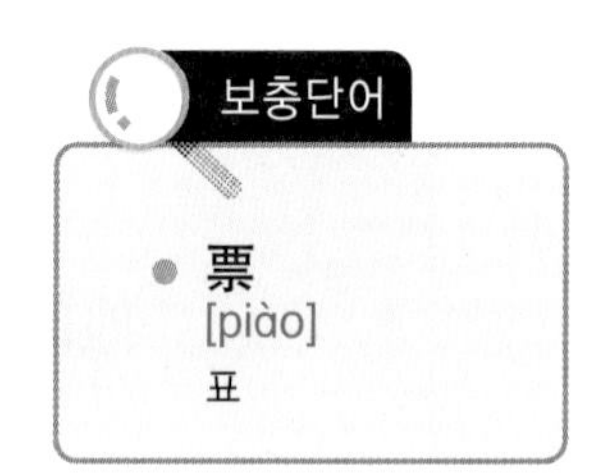

보충단어

- 票 [piào] 표

## 간체자연습

| 买 mǎi · 買 | 买 | 买 | 买 | 买 | 买 | 买 |
|---|---|---|---|---|---|---|
| 卖 mài · 賣 | 卖 | 卖 | 卖 | 卖 | 卖 | 卖 |
| 报 bào · 報 | 报 | 报 | 报 | 报 | 报 | 报 |

# 苹果多少钱一斤?

Píngguǒ Duōshao Qián Yì Jīn?

사과는 한 근에 얼마입니까?

## 핵심표현

**

**1 가격을 물을 때**

苹果 多少钱 一斤?
Píngguǒ duōshao qián yì jīn?
| 사과는 한 근에 얼마입니까?

**2 이유나 원인을 물을 때**

为什么 不买 芒果?
Wèishénme bù mǎi mángguǒ?
| 왜 망고를 사지 않습니까?

**3 정도가 높음을 나타낼 때**

太贵了。
Tài guì le.
| 너무 비쌉니다.

### 새단어

- 苹果 [píngguǒ] 사과
- 斤 [jīn] 근(무게단위)
- 橙子 [chéngzi] 오렌지
- 芒果 [mángguǒ] 망고
- 一共 [yígòng] 모두, 합쳐서
- 给 [gěi] 주다
- 为什么 [wèishénme] 왜
- 太……了 [tài ~ le] 너무~하다
- 贵 [guì] 비싸다
- 因为 [yīnwèi] 왜냐하면

## 회화 **

과일처럼 근 혹은 그램과 같은 단위로 파는 물건은 어떻게 그 가격을 물어볼까?

(팡쉐친의 어머니는 과일 판매대에서 과일을 사려 한다.)

方 母 — 苹果 多少 钱 一斤?
Píngguǒ duōshao qián yì jīn?

卖水果的— 一块八。
Yí kuài bā.

方 母 — 橙子 呢?
Chéngzi ne?

卖水果的— 两块五。
Liǎng kuài wǔ.

方 父 — 芒果 多少钱一斤?
Mángguǒ duōshao qián yì jīn?

卖水果的— 芒果十二块。
Mángguǒ shí'èr kuài.

方 母 — 我买两斤 苹果, 两斤 橙子。
Wǒ mǎi liǎngjīn píngguǒ, liǎng jīn chéngzi.

(과일 판매원이 과일을 저울에 단다)

方 母 — 一共多少 钱?
Yígòng duōshao qián?

卖水果的— 一共八块六。
Yígòng bā kuài liù.

方 父 — (어머니에게 묻는다) 为什么不买芒果呀?
Wèishénme bù mǎi mángguǒ ya.

方 母 — 芒果太贵了。
Mángguǒ tài guì le.

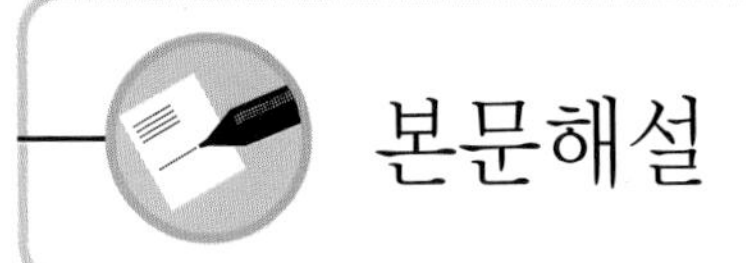

# 본문해설

## 1 중량의 단위인 斤 과 两

예 1 斤 jīn (근) = 0.5kg = 500g

1两 liǎng (량) = 50g

1 斤 jīn (근) = 10两

## 2 단위가 있는 물품의 가격묻기

"多少钱 + 一 + 단위"를 쓰면 그 단위에 해당하는 물건의 가격을 묻는 것이다.

예 苹果 多少钱 一斤?
Píngguǒ duōshao qián yì jīn?
| 사과는 한 근에 얼마입니까?

橙子 多少钱 一斤?
Chéngzi duōshao qián yì jīn?
| 귤은 한 근에 얼마죠?

两 块 五(毛)。
Liǎng kuài wǔ (máo).
| 2 위엔 5 마오예요.

## 3 두 자리수 이상의 화폐단위

두 자리수 이상의 화폐단위에서 마지막 자리의 화폐단위는 말할 때 보통 생략 하지만, 서면어에서는 일반적으로 생략하지 않는다.

예

| | 구어 | 서면어 |
|---|---|---|
| 1.8 | 一块八(毛)<br>yí kuài bā (máo) | 一元 八 角<br>yì yuán bā jiǎo |
| 1.82 | 一块 八毛 二(分)<br>yí kuài bā máo èr (fēn) | 一元 八角 二分<br>yì yuán bā jiǎo èr fēn |
| 2.5 | 两 块 五(毛)<br>liǎng kuài wǔ (máo) | 二 元 五 角<br>èr yuán wǔ jiǎo |
| 2.59 | 两 块 五 毛 九(分)<br>liǎng kuài wǔ máo jiǔ (fēn) | 二 元 五 角 九 分<br>èr yuán wǔ jiǎo jiǔ fēn |
| 37.6 | 三十七 块六(毛)<br>sānshíqī kuài liù (máo) | 三十七元 六角<br>sānshíqī yuán liù jiǎo |
| 37.65 | 三十七块六毛 五(分)<br>sānshíqī kuài liù máo wǔ (fēn) | 三十七元 六角五分<br>sānshíqī yuán liù jiǎo wǔ fēn |

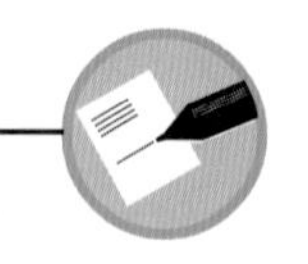

# 본문해설

**

## 4 为什么

원인이나 이유를 물을 때 쓴다. 대답할 때는 "因为……"를 써서 대답하기도 하고 원인이나 이유를 직접 말해도 된다.

예 为什么 不 买 芒果?
Wèishénme bù mǎi mángguǒ?
| 왜 망고를 사지 않았어요?

(因为)芒果 太贵了。
(Yīnwèi) mángguǒ tài guì le.
| (왜냐하면) 망고가 너무 비싸서요.

## 5 太……了

"너무~하다"라는 뜻으로 정도가 매우 높음을 나타낸다. 불만이나 감탄을 나타낼 때 주로 사용한다.

예 天龙公司太远了。
Tiānlóng Gōngsī tài yuǎn le.
| 텐룽회사는 너무 멀다.

最近我太忙了。
zuìjìn wǒ tài máng le.
| 요사이 나는 너무 바쁘다.

太谢谢你了!
Tài xièxie nǐ le!
| 너무 감사합니다.

不客气，不用谢。
Bú kèqi, bú yòng xiè.
| 별말씀을요, 괜찮습니다.

你 想不想 去 颐和园?
Nǐ xiǎng bu xiǎng qù yíhéyuán?
| 당신은 이화원에 가고 싶어요?

我太想去了!
Wǒ tài xiǎng qù le!
| 나는 너무 가고 싶어요.

## 6 어조사 呀

어조사 啊와 쓰임이 같다. 어감상 부드러운 느낌을 주며 앞의 음절이 a/e/i/o/ü 로 끝날 때 문장 끝에 사용한다.

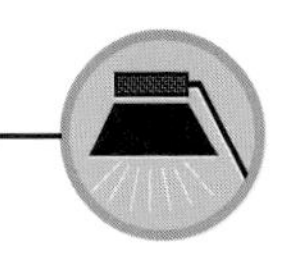

# 문형연습

**

## 1 보기와 같이 질문해 보세요.

| 보기 |

甲 _ 请问，这衣服 多少钱 一件?
Qǐngwèn, zhè yīfu duōshao qián yí jiàn?
| 실례합니다. 이 옷은 한 벌에 얼마입니까?

乙 _ 二百九 一件。
Èr bǎi jiǔ yí jiàn.
| 한 벌에 290 위엔입니다.

学生_ 那衣服 多少钱 一件?
Nà yīfu duōshao qián yí jiàn?
| 저 옷은 얼마입니까?

乙 _ 二百九 一件。
Èr bǎi jiǔ yí jiàn.
| 한 벌에 290 위엔입니다.

① 甲 _ 请问，这裙子 多少钱 一条?
Qǐngwèn, zhè qúnzi duōshao qián yì tiáo?

乙 _ 一百 六十 八。
Yì bǎi liù shí bā.

学生 ________________________________?

乙 _ 一百六十八。
Yì bǎi liù shí bā.

② 甲 _ 那裤子 多少钱 一条?
Nà kùzi duōshao qián yì tiáo?

乙 _ 一百 四十五。
Yì bǎi sìshí wǔ.

学生 ________________________________?

乙 _ 一百 四十五(一条)。
Yì bǎi sìshí wǔ (yì tiáo).

**보충단어**

- **件**
  [jiàn]
  벌(옷이나 재료 등을 세는 양사)

  **一件衣服**
  [yí jiàn yīfu]
  옷 한 벌

- **条**
  [tiáo]
  벌(바지나 스커트 등을 세는 양사)

  **一条裤子**
  [yì tiáo kùzi]
  바지 한 벌

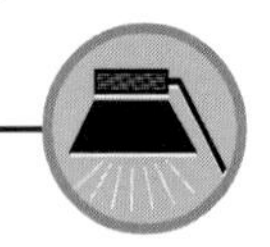

# 문형연습

③ 甲 _ 这书 多少钱 一本?
Zhè shū duōshao qián yì běn?

乙 _ 二十三 块 六。
Èrshísān kuài liù.

学生 ____________________ ?

乙 _ 二十三 块 六(一本)。
Èrshísān kuài liù (yì běn).

④ 甲 _ 这笔 多少钱 一支?
Zhè bǐ duōshao qián yì zhī?

乙 _ 四块 五。
Sì kuài wǔ.

学生 ____________________ ?

乙 _ 四块 五(一支)。
Sì kuài wǔ (yì zhī).

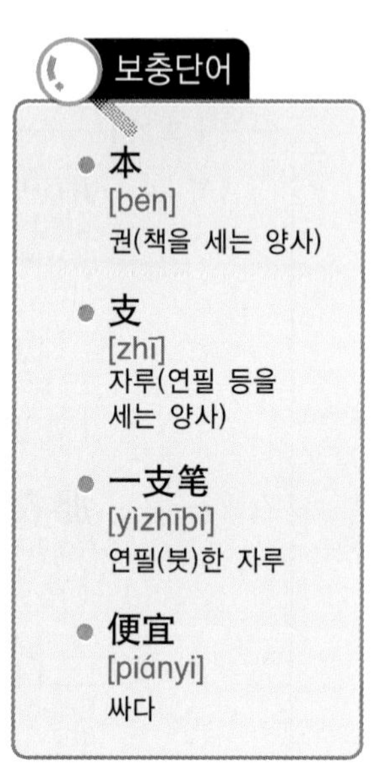
보충단어

- 本
  [běn]
  권(책을 세는 양사)
- 支
  [zhī]
  자루(연필 등을 세는 양사)
- 一支笔
  [yìzhībǐ]
  연필(붓)한 자루
- 便宜
  [piányi]
  싸다

## 2 보기와 같이 물음에 답하세요. (“太……了” 이용)

**보기**

甲 _ 芒果 太贵了，我不想买芒果。
Mángguǒ tài guì le, wǒ bù xiǎng mǎi mángguǒ.
| 망고는 너무 비싸서 저는 망고를 사고 싶지 않습니다.

乙 _ 橙子便宜，八块五一斤。
Chéngzi piányi, bā kuài wǔ yì jīn.
| 오렌지는 쌉니다. 한 근에 8 위엔 5 마오입니다.

甲 _ 橙子也不便宜。
Chéngzi yě bù piányi.
| 오렌지도 싸지 않군요.

问 _ 橙子便宜不便宜?
Chéngzi piányi bù piányi?
| 오렌지는 쌉니까?

学生 _ 橙子也不便宜。
Chéngzi yě bù piányi.
| 오렌지도 싸지 않습니다.

**

① 甲 _ 你为什么 不穿 那条裤子?
Nǐ wèishénme bù chuān nà tiáo kùzi?

乙 _ 那条裤子 太旧了。
Nà tiáo kùzi tài jiù le.

问 _ 她为什么 不穿 那条裤子?
Tā wèishénme bù chuān nà tiáo kùzi?

学生 ____________________________。

② 甲 _ 你为什么不买 那件衣服?
Nǐ wèishénme bù mǎi nà jiàn yīfu?

乙 _ 那件衣服太大了。
Nàjiàn yīfu tài dà le.

问 _ 他为什么不买 那件衣服?
Tā wèishénme bù mǎi nà jiàn yīfu?

学生 ____________________________。

③ 甲 _ 你们 为什么 不在 305 教室 上课?
Nǐmen wèishénme bú zài 305 jiàoshì shàngkè?

乙 _ 305 教室太小 了。
305 jiàoshì tài xiǎo le.

问 _ 他们 为什么 不在 305 教室 上课?
Tāmen wèishénme bú zài 305 jiàoshì shàngkè?

学生 ____________________________。

보충단어

- 穿
[chuān]
입다, 착용하다
- 旧
[jiù]
낡다, 오래다
- 教室
[jiàoshì]
교실

# 결혼

중국 전통적인 결혼은 부모와 집안 어른들의 결정을 자식들이 따르는 것이 일반적이었지만, 1950년에 제정된 결혼법으로 모든 사람들은 결혼 상대를 자신의 의지대로 고르는 자유가 법적으로 보장되었다.

결혼식에서 일반적으로 신랑은 양복을 입으며 신부는 치파오 혹은 서양식 웨딩드레스를 입는다. 결혼식이 끝난 후 대부분 격조 높은 음식점이나 호텔 등에서 결혼식 피로연을 한다. 만일 어느 음식점 문 앞에 쌍희"囍囍" 자가 붙여져 있다면 안에서는 바로 결혼식 피로연이 열리고 있다고 생각하면 틀림없다. 결혼식이 있는 곳이면 어디든지 이 쌍희"囍囍" 자가 있다.

신랑측에서 대부분의 살림살이를 장만하고 신부측에서 약간의 살림자금을 보태는 방식으로 우리와는 조금 다른 면을 보인다. 결혼식 후엔 거의가 신혼여행 없이 며칠 휴가 동안 신방을 꾸미면서 보낸다. 결혼 휴가를 끝내고 직장에 돌아올 때는 사탕을 직장 동료들에게 돌리며 서로 축하한다.

# 你想吃什么?

Nǐ Xiǎng Chī Shénme?

당신은 무엇을 먹고 싶어요?

## 핵심표현

**

### 1 제안할 때

**去吃饭吧。**
Qù chīfàn ba.
| 식사하러 갑시다.

### 2 음식이 맛이 있는지의 여부를 물을 때

**牛肉饺子好吃吗?**
Niúròu jiǎozi hǎochī ma?
| 쇠고기 만두 맛있어요?

### 새단어

- **饿** [è] 배고프다
- **了** [le] 어조사 (변화 · 완료의 의미를 나타냄)
- **吧** [ba] 어조사 (제안 · 명령의 의미를나타냄)
- **菜** [cài] 음식, 요리
  - **四川菜** [Sìchuāncài] 사천요리
  - **广东菜** [Guǎngdōngcài] 광동요리
- **饺子** [jiǎozi] 만두, 교자
- **牛肉** [niúròu] 쇠고기
  - **牛** [niú] 소
  - **肉** [ròu] 고기
- **好吃** [hǎochī] 맛이 있다
- **尝** [cháng] 맛보다
- **困** [kùn] 피곤하다

**| 고유명사 |**

- **四川** [Sìchuān] 사천(중국의 지명)
- **广东** [Guǎngdōng] 광동(중국의 지명)

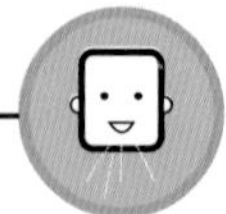

# 회화

음식에 대해 배워보고, 어떻게 완곡하게 의사를 표현하여 상대방의 동의를 얻어내는지 살펴보자.

(팡쉐친과 리원롱이 미술관에서 나오는데, 리원롱이 배를 쓰다듬으며 배고파한다.)

李文龙 _ 我饿了。
Wǒ è le.

方雪芹 _ 去吃饭吧。
Qù chī fàn ba.

李文龙 _ 好。你想吃四川菜还是广东菜?
Hǎo. nǐ xiǎng chī Sìchuāncài háishi Guǎngdōngcài?

方雪芹 _ 我都不想吃。
Wǒ dōu bù xiǎng chī.

李文龙 _ 你想吃什么?
Nǐ xiǎng chī shénme?

方雪芹 _ 饺子,我想吃牛肉饺子。
Jiǎozi, wǒ xiǎng chī niúròu jiǎozi.

李文龙 _ 牛肉饺子好吃吗?
Niúròu jiǎozi hǎo chī ma?

方雪芹 _ 挺好吃的,去尝尝吧。
Tǐng hǎo chī de, qù chángchang ba.

李文龙 _ 好,走吧。
Hǎo, zǒu ba.

# 본문해설

**1** 了

문장 끝이나 동사/형용사 뒤에 쓰여 변화 혹은 동작이 완료 되었음을 나타낸다.

예 她们吃饭了。 Tāmen chīfàn le. | 그녀들은 밥을 먹었다.

我知道了。 Wǒ zhīdao le. | 나는 알게 되었다.

小王 是 我的 朋友 了。 XiǎoWáng shì wǒ de péngyou le. | 샤오 왕은 나의 친구가 되었다.

**2** 吧

문장의 끝에 쓰여, 제안 · 청구 · 명령의 의미를 나타낸다.

예 甲_ 星期六一起去吃饭吧。 Xīngqīliù yìqǐ qù chīfàn ba. | 토요일에 같이 밥 먹으러 가자.

乙_ 好的。 Hǎo de. | 좋아.

甲_ 请喝茶吧 Qǐng hēchá ba. | 차 드세요.

乙_ 好,谢谢。 Hǎo, xièxie. | 예, 고마워요.

甲_ 六点十分我去接你吧。 Liù diǎn shí fēn wǒ qù jiē nǐ ba. | 6 시 10 분에 제가 당신을 데리러 갈게요.

乙_ 好的。 Hǎo de. | 좋아요.

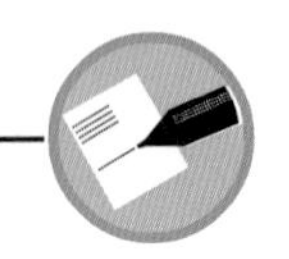

# 본문해설

## 3 중국요리의 계보

중국의 맛을 대표하는 요리는 산동요리, 사천요리, 회양요리, 광동요리의 네 부류로 나뉘어진다. 산동요리는 중국 북방의 대표 요리로 향이 좋고 맛이 연하다. 사천요리는 매콤하고 얼큰한 것이 특징이며, 회양요리는 단맛과 짠맛이 잘 어우러져 있다. 광동요리는 '나는 것 중엔 비행기, 다리 달린 것 중엔 책상만 빼고 죄다 먹는다'라는 말이 생길 정도로 요리의 재료와 종류가 다양한데 담백하면서도 톡 쏘는 맛이 특징이다.

예 山东菜
Shāndōng cài
| 산동요리

四川菜
Sìchuān cài
| 사천요리

淮扬菜
Huáiyáng cài
| 회양요리

广东菜
Guǎngdōng cài
| 광동요리

## 4 饺子

중국인이 즐겨먹는 밀가루 음식 가운데 하나로 우리의 "만두"에 해당한다.

예 牛肉饺子
niúròu jiǎozi
| 쇠고기 만두

蔬菜饺子
shūcài jiǎozi
| 야채 만두

**

## 5 好 + 동사

好와 함께 쓰이는 동사는 몇몇 단음절 동사와 감각을 나타내는 동사에 제한된다.

예

好吃
hǎochī
| 맛이 있다

好看
hǎokàn
| 예쁘다(아름답다)

好喝
hǎo hē
|(음료가) 맛이 있다

好听
hǎotīng
|(음악 등이) 듣기 좋다

甲 _ 饺子好吃不好吃?
Jiǎozi hǎochī bù hǎochī?
| 만두는 맛있습니까?

乙 _ 饺子很 好吃。
Jiǎozi hěn hǎochī.
| 만두는 매우 맛이 있습니다.

甲 _ 这个茶 好喝不好喝?
Zhège chá hǎo hē bù hǎohē?
| 이 차는 맛이 있습니까?

乙 _ 挺好喝的。
Tǐng hǎo hē de.
| 아주 맛이 있습니다.

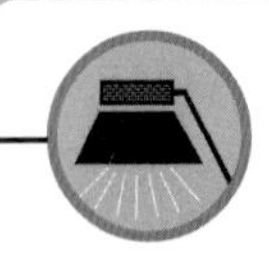

# 문형연습

## 1 보기와 같이 물음에 답하세요.

**보기**

| | | |
|---|---|---|
| 甲 _ | 你想吃什么?<br>Nǐ xiǎng chī shénme? | 당신은 무엇을 먹고 싶습니까? |
| 乙 _ | 我想吃面条，牛肉面。<br>Wǒ xiǎng chī miàntiáo, niúròumiàn. | 저는 면을 먹고 싶어요, 소고기면요. |
| 问 _ | 他想吃什么?<br>Tā xiǎng chī shénme? | 그는 무엇을 먹고 싶어 합니까? |
| 学生_ | 他想吃 牛肉面。<br>Tā xiǎng chī niúròumiàn. | 그는 소고기면을 먹고 싶어 합니다. |

① 甲 _ 你也想吃 牛肉面 吗?
Nǐ yě xiǎng chī niúròumiàn ma?

乙 _ 不。我 想 吃 炒饭，鸡蛋炒饭。
Bù. Wǒ xiǎng chī chǎofàn, jīdàn chǎofàn.

问 _ 她 想 吃 什么?
Tā xiǎng chī shénme?

学生_ 她 ________________________。
Tā ________________________.

② 甲 _ 你 想 吃 米饭 还是 面条?
Nǐ xiǎng chī mǐfàn háishi miàntiáo?

乙 _ 我 都 不 想 吃。
Wǒ dōu bù xiǎng chī.

甲 _ 你 想 吃 什么?
Nǐ xiǎng chī shénme?

乙 _ 我 想 吃 羊肉 饺子。
Wǒ xiǎng chī yángròu jiǎozi.

问 _ 她 想 吃 什么?
Tā xiǎng chī shénme?

学生_ 她 ________________________。
Tā ________________________.

**보충단어**

- **面条** [miàntiáo] 면
- **炒饭** [chǎofàn] 볶음밥
- **鸡蛋** [jīdàn] 계란
- **米饭** [mǐfàn] 쌀밥
- **羊肉** [yángròu] 양고기

**

③ 甲 _ 你想吃什么?
Nǐ xiǎng chī shénme?

乙 _ 牛肉面、羊肉饺子、鸡蛋炒饭我都想吃。
Niúròumiàn, yángròu jiǎozi, jīdàn chǎofàn wǒ dōu xiǎng chī.

问 _ 他想吃什么?
Tā xiǎng chī shénme?

学生 ______________________________。
______________________________.

## 간체자연습

| 饿 è · 餓 | 饿 | 饿 | 饿 | 饿 | 饿 | 饿 |
| --- | --- | --- | --- | --- | --- | --- |
| 饺 jiǎo · 餃 | 饺 | 饺 | 饺 | 饺 | 饺 | 饺 |
| 尝 cháng · 嘗 | 尝 | 尝 | 尝 | 尝 | 尝 | 尝 |

| 문 | 화 | 마 | 당 |

# 공안기구

경찰 업무를 담당하는 곳을 중국에서는 공안국이라는 명칭을 쓴다. 중국의 공안기구는 치안, 교통, 형사, 사법, 국경수비, 소방, 호적 등 각 분야의 임무를 맡고 있다.

각 성, 자치구, 직할시의 경찰기구를 "公安局 gōngānjú 공안국" 라고 하는데 "公安" 은 '공공치안' 이라는 뜻이다. 성급보다 낮은 그 이하의 행정구역내에 설치된 공안기구는 "公安分局 gōngān fēnjú 공안분국" 라고 한다. "派出所 pàichūsuǒ 파출소" 는 가장 낮은 단계의 공안기구를 말하며 호구관리와 기본적인 사회치안을 맡고 있다. 때로는 사람이 많고 치안상황이 복잡한 곳에 "治安岗亭 zhiān gǎngtíng 치안초소" 라고 적혀 있는 작은 건물을 볼 수 있는데 이곳은 긴급상황에 쉽게 대처할 수 있도록 만들어진 곳이다.

순경은 근래 들어서 생겨난 것이다. 순경들은 신속하고 종합적으로 돌발상황에 대처하며 제때에 시민의 어려움을 해결하고 도와주는 중요한 역할을 한다.

"有困难, 找民警"은 "어려움이 있으면 경찰을 찾아주세요"라는 뜻이다.

또, 중국에서 꼭 기억해야할 전화번호가 2개 있는데 하나는 화재 신고 번호로 119번이며 또 하나는 범죄 신고 번호로 110번이다.

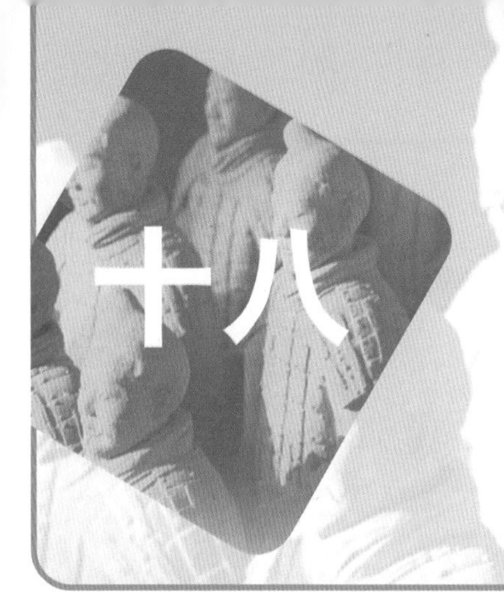


# 请结账。

Qǐng Jiézhàng.

계산해 주세요.

## 핵심표현

**1 능력을 물어볼 때**

你能 吃几两饺子?
Nǐ néng chī jǐ liǎng jiǎozi?
| 당신은 물만두를 몇 량이나 먹을 수 있어요?

**2 상대의 의견을 물어볼 때**

你觉得牛肉饺子怎么样?
Nǐ juéde niúròu jiǎozi zěnmeyàng?
| 당신이 느끼기에 쇠고기만두 어때요(맛있어요)?

**3 계산을 할 때**

请 结账。
Qǐng jiézhàng.
| 계산해 주세요.

### 새단어

- 能 [néng] ~할 수 있다
- 两 [liǎng] 량 (무게단위 50g)
- 矿泉水 [kuàngquánshuǐ] 광천수
- 瓶 [píng] 병
- 啤酒 [píjiǔ] 맥주
- 觉得 [juéde] 느끼다
- 怎么样 [zěnmeyàng] 어때요
- 不错 [búcuò] 훌륭하다, 틀리지 않다
- 结账 [jiézhàng] 계산하다

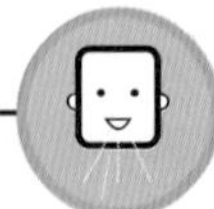

## 회화

**

식당에서 종업원에게 음식과 음료를 어떻게 주문하는지 살펴보자.

(팡쉐친과 리원롱이 식당에 들어가 자리에 앉자 종업원이 그들에게 주문을 받는다)

李文龙＿ 你能吃几两饺子？
Nǐ néng chī jǐ liǎng jiǎozi?

方雪芹＿ 我能吃三两饺子。
Wǒ néng chī sān liǎng jiǎozi.

李文龙＿ 我吃半斤。(종업원에게) 八两牛肉饺子。
Wǒ chī bàn jīn. Bā liǎng niúròu jiǎozi.

李文龙＿ (팡쉐친을 돌아보며) 你想喝什么？
Nǐ xiǎng hē shénme?

方雪芹＿ 我喝矿泉水。
Wǒ hē kuàngquánshuǐ.

李文龙＿ (종업원에게) 一瓶矿泉水，一瓶啤酒。
Yì píng kuàngquánshuǐ, yì píng píjiǔ.

(음식을 다 먹고 난 후에)

方雪芹＿ 你觉得牛肉饺子怎么样？
Nǐ juéde niúròu jiǎozi zěnmeyàng?

李文龙＿ 不错，挺好吃的。
Búcuò, tǐng hǎochī de.

方雪芹＿ 结账吧。
Jiézhàng ba.

李文龙＿ 好。(종업원에게)
Hǎo.
小姐，请结账。
Xiǎojiě, qǐng jiézhàng.

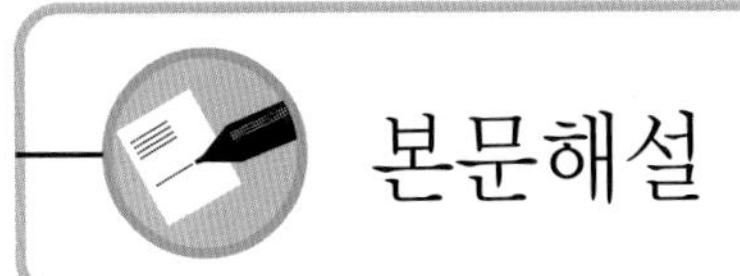

# 본문해설

**

## 1 능원동사 能

"~할 수 있다"라는 뜻으로 어떤 일을 할 수 있는 모종의 능력이 구비되어 있음을 나타낸다. 동사 앞에 놓이며 부정형은 "不能"이다.

예 甲_ 星期五 晚上 有个聚会，你能 去吗?
Xīngqīwǔ wǎnshang yǒu gè jùhuì, nǐ néng qù ma?
| 금요일 저녁에 모임이 하나 있는데, 갈 수 있습니까?

乙_ 我不 能去。我 得 上课。
Wǒ bù néng qù. Wǒ děi shàngkè.
| 저는 갈 수 없어요. 수업에 가야 하거든요.

甲_ 请 喝啤酒。
Qǐng hē píjiǔ.
| 맥주 드세요.

乙_ 对不起，我 不能 喝啤酒。
Duìbuqǐ, wǒ bù néng hē píjiǔ.
| 죄송합니다. 저는 맥주를 못 마십니다.

## 2 양사 两

중량을 표시하는 단위로 1两(량) = 50g이다. 음식점에서 만두, 밥, 면류 등에 "两"이라는 단위를 많이 사용한다.

예 你 能 吃几两 饺子?
Nǐ néng chī jǐ liǎng jiǎozi?
| 당신은 만두를 몇 량이나 먹을 수 있습니까?

# 본문해설

## 3 양사 瓶, 杯

"瓶"은 '병', "杯"는 '잔, 컵'이라는 뜻으로 둘 다 용기를 양사로 사용한 경우이다.

예

一瓶啤酒
yì píng píjiǔ
| 맥주 한 병

一瓶 酸奶
yì píng suānnǎi
| 요구르트 한 병

一杯咖啡
yì bēi kāfēi
| 커피 한 잔

一杯茶
yì bēi chá
| 차 한 잔

## 4 견해를 물어볼 때

"觉得……怎么样? "은 "생각하기에(느끼기에)~어떻습니까?"라는 뜻으로 어떤 사람, 어떤 일, 어떤 사물의 견해나 평가를 상대방에게 물어볼 때 사용한다.

예

甲_ 你觉得你们的老师怎么样?
Nǐ juéde nǐmen de lǎoshī zěnmeyàng?
| 당신은 당신들의 선생님을 어떻게 생각하세요?

乙_ 我觉得他很好。
Wǒ juéde tā hěn hǎo.
| 저는 아주 좋은 분이라고 생각해요.

甲_ 你觉得这件衣服怎么样?
Nǐ juéde zhè jiàn yīfu zěnmeyàng?
| 당신이 느끼기에 이 옷 어때요?

乙_ 挺好看的。
Tǐng hǎo kàn de.
| 아주 예뻐요.

**

甲 _ 你觉得这个公司怎么样?
Nǐ juéde zhèige gōngsī zěnmeyàng?
당신이 느끼기에 이 회사는 어떻습니까?

乙 _ 我觉得挺不错的。
Wǒ juéde tǐng búcuò de.
저는 상당히 괜찮은 회사라고 생각합니다.

**5 식당에서 계산할 때**

식사를 다하고 계산할 때에는 "**请结账。**"이라고 말한다. 중국에서는 식사 전에 일반적으로 누가 계산할 지 분명하지 않다. 여러 사람이 모여 식사를 하고나면 보통 각자 계산하지 않고 한 사람이 일괄 부담하는 경향이 있다.

예 甲 _ 小姐, 请结账。
Xiǎojiě, qǐng jiézhàng.
| 아가씨, 계산해 주세요.

乙 _ 我结账吧。
Wǒ jiézhàng ba.
| 제가 계산하지요.

甲 _ 不用你结账, 我结账。
Búyòng nǐ jiézhàng, wǒ jiézhàng.
| 당신이 계산할 필요 없어요, 제가 계산할게요.

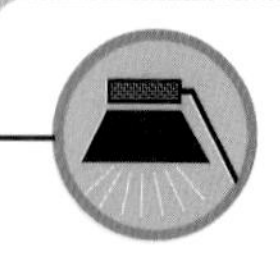

# 문형연습

## 1 보기와 같이 물음에 답하세요.

**보기**

甲 — 你 想 喝 什么?
Nǐ xiǎng hē shénme?
| 당신은 무엇을 마시고 싶습니까?

乙 — 我 想 喝酒。
Wǒ xiǎng hē jiǔ.
| 저는 술을 마시고 싶습니다.

问 — 他 想 喝 什么?
Tā xiǎng hē shénme?
| 그는 무엇을 마시고 싶어 하는가?

学 生— 他 想 喝酒。
Tā xiǎng hē jiǔ.
| 그는 술을 마시고 싶어 합니다.

① 甲 — 你 想 喝 什么 酒, 啤酒还是白酒?
Nǐ xiǎng hē shénme jiǔ, píjiǔ háishi báijiǔ?

乙 — 我 想 喝 葡萄酒。
Wǒ xiǎng hē pútaojiǔ.

问 — 他 想 喝 什么 酒?
Tā xiǎng hē shénme jiǔ?

学 生 ________________ 。

② 甲 — 你 喝 什么?
Nǐ hē shénme?

乙 — 我 想 喝 果汁儿。
Wǒ xiǎng hē guǒzhīr.

问 — 她 想 喝 什么?
Tā xiǎng hē shénme?

学 生 ________________ 。

③ 甲 — 你 想 喝 什么 果汁儿, 橙汁儿 还是 苹果 汁儿?
Nǐ xiǎng hē shénme guǒzhīr, chéngzhīr háishi píngguǒzhīr?

乙 — 我 想 喝 橙汁儿。
Wǒ xiǎng hē chéngzhīr.

问 — 她 想 喝 什么 果汁儿?
Tā xiǎng hē shénme guǒzhīr?

学 生 ________________ 。

**보충단어**

- 酒 [jiǔ] 술
  白酒 [báijiǔ] 백주(바이지우)
  葡萄酒 [pútaojiǔ] 포도주
- 果汁(儿) [guǒzhīr] 과즙, 주스
  苹果汁(儿) [píngguǒzhīr] 사과주스
  橙汁(儿) [chéngzhīr] 오렌지주스

**

④ 甲 _ 你 想 喝 什么，酒 还是 果汁儿？
Nǐ xiǎng hē shénme, jiǔ háishi guǒzhīr?

乙 _ 我 都 不想 喝，我 想 喝 汤。
Wǒ dōu bù xiǎng hē, wǒ xiǎng hē tāng.

问 _ 她 想 喝 什么 ？
Tā xiǎng hē shénme?

学 生 ______________________________ 。

## 2 보기와 같이 물음에 답하세요. (“觉得” 사용)

**보 기**

甲 _ 你觉得鸡蛋炒饭 怎么样？
Nǐ juéde jīdàn chǎofàn zěnmeyàng?
| 당신이 느끼기에 계란볶음밥은 어땠습니까?

乙 _ 我觉得挺好吃的。
Wǒ juéde tǐng hǎochī de.
| 제가 느끼기엔 아주 맛이 있었습니다.

问 _ 他觉得鸡蛋炒饭 怎么样？
Tā juéde jīdàn chǎofàn zěnmeyàng?
| 그가 느끼기에 계란볶음밥이 어땠습니까?

学 生 _ 他觉得挺好吃的。
Tā juéde tǐng hǎochī de.
| 그가 느끼기엔 아주 맛이 있었습니다.

① 甲 _ 你觉得白酒 怎么样？
Nǐ juéde báijiǔ zěnmeyàng?

乙 _ 不好喝。
Bù hǎo hē.

问 _ 她觉得白酒 怎么样？
Tā juéde báijiǔ zěnmeyàng?

学 生 ______________________________ 。

보충단어
- 好喝
[hǎo hē]
(음료) 맛있다

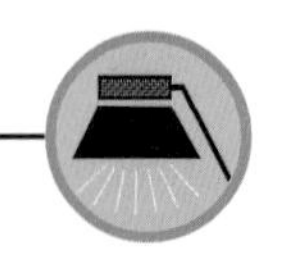

## 문형연습 **

② 甲 _ 你觉得那个电影怎么样?
Nǐ juéde nàge diànyǐng zěnmeyàng?

乙 _ 我觉得那个电影很有意思。
Wǒ juéde nàge diànyǐng hěn yǒuyìsi.

问 _ 他觉得那个电影怎么样?
Tā juéde nàge diànyǐng zěnmeyàng?

学生 ______________________________ 。

**보충단어**

- **有意思** [yǒuyìsi] 재미있다
- **好看** [hǎokàn] 예쁘다

③ 甲 _ 你觉得这条裙子怎么样?
Nǐ juéde zhèi tiáo qúnzi zěnmeyàng?

乙 _ 我觉得很好看。
Wǒ juéde hěn hǎokàn.

问 _ 她觉得那条裙子怎么样?
Tā juéde nà tiáo qúnzi zěnmeyàng?

学生 ______________________________ 。

### 간체자연습

| 觉 jué · 覺 | 觉 | 觉 | 觉 | 觉 | 觉 | 觉 |
|---|---|---|---|---|---|---|
| 结 jié · 結 | 结 | 结 | 结 | 结 | 结 | 结 |
| 账 zhàng · 帳 | 账 | 账 | 账 | 账 | 账 | 账 |

# 生日快乐!

Shēngrì Kuàilè!

생일 축하합니다!

## 핵심표현

**1 축하할 때**

生日 快乐!
Shēngrì kuàilè!
| 생일을 축하합니다!

圣诞 快乐!
Shèngdàn kuàilè!
| 기쁜 성탄되세요!

**2 띠를 물을 때**

你 属 什么?
Nǐ shǔ shénme?
| 당신은 무슨 띠예요?

我 属 兔。
Wǒ shǔ tù.
| 저는 토끼띠예요.

### 새단어

- 快乐 [kuàilè] 즐겁다, 행복하다
- 新 [xīn] 새롭다
- 真 [zhēn] 정말, 진실로
- 可爱 [kě'ài] 귀여운, 사랑스러운
- 最 [zuì] 가장
- 喜欢 [xǐhuan] 좋아하다
- 动物 [dòngwù] 동물
- 属 [shǔ] 속하다
- 兔(子) [tù(zi)] 토끼
- 当然 [dāngrán] 당연히, 물론
- 龙 [lóng] 용
- 听 [tīng] 듣다
- 听见 [tīngjiàn] 들리다

## 회화 **

친구의 생일 날 축하의 말을 어떻게 전할까?

(오늘은 팡쉐친의 생일이고, 리원룽은 그녀에게 특별한 선물을 준다.)

李文龙 _ (팡쉐친에게 꽃 한 다발을 건네주며)
生日快乐!
Shēngrì kuàilè!

方雪芹 _ 谢谢!
Xièxie!

李文龙 _ (뒤에 감춘 토끼 한 마리를 꺼내들고)
给你,一个新朋友。
Gěi nǐ, yí gè xīn péngyou.

方雪芹 _ 真可爱!
Zhēn kě'ài!

李文龙 _ 你最喜欢什么动物?
Nǐ zuì xǐhuan shénme dòngwù?

方雪芹 _ 我属兔,当然最喜欢兔子。
Wǒ shǔ tù, dāngrán zuì xǐhuan tùzi.

李文龙 _ 你喜欢龙吗?
Nǐ xǐhuān lóng ma?

方雪芹 _ (쑥스러워하며) 你问兔子吧。
Nǐ wèn tù zi ba.

李文龙 _ 小兔子啊,你喜欢不喜欢龙啊?
Xiǎo tùzi a, nǐ xǐhuan bù xǐhuan lóng a?
你听,兔子说:"喜欢"。
Nǐ tīng, tùzi shuō: "xǐhuan".

方雪芹 _ (더욱 부끄러워하며) 我没听见。
Wǒ méi tīngjiàn.

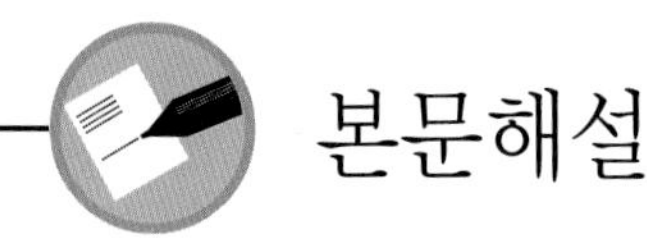

# 본문해설

**

## 1 最

'가장, 제일'의 의미로 최상급을 나타낸다. 형용사나 "喜欢, 想" 등의 동사 앞에서 수식하는 역할을 한다.

예

| | | |
|---|---|---|
| 最好<br>zuì hǎo<br>│가장 좋다 | – | 谁 是 你最 好的 朋友?<br>Shéi shì nǐ zuì hǎo de péngyou?<br>│당신이 가장 좋아하는 친구는 누구죠? |
| 最大<br>zuì dà<br>│가장 크다 | – | 那 个教室最大。<br>Nèi ge jiàoshì zuì dà.<br>│그 교실이 가장 크다. |
| 最贵<br>zuì guì<br>│가장 비싸다 | – | 什么 水果 最贵?<br>Shénme shuǐguǒ zuì guì?<br>│무슨 과일이 가장 비싸죠? |
| 最便宜<br>zuì piányi<br>│가장 싸다 | – | 哪个 商店 的 东西 最便宜?<br>Něige shāngdiàn de dōngxi zuì piányi?<br>│어느 상점의 물건이 가장 싸나요? |
| 最有意思<br>zuì yǒu yì si<br>│가장 재미있다 | – | 你觉得 什么 最有意思?<br>Nǐ juéde shénme zuì yǒu yì si?<br>│당신은 무엇이 가장 재미있어요? |
| 最喜欢<br>zuì xǐhuan<br>│제일 좋아하다 | – | 你最喜欢 吃 什么 水果?<br>Nǐ zuì xǐhuan chī shénme shuǐguǒ?<br>│당신은 무슨 과일을 제일 좋아하세요? |
| 最想<br>zuì xiǎng<br>│제일 하고싶다 | – | 你最 想 去 哪儿?<br>Nǐ zuì xiǎng qù nǎr?<br>│당신은 어디를 제일 가고 싶습니까? |

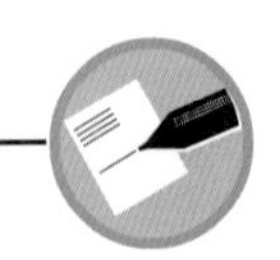

# 본문해설

## 2 십이지

십이지를 "十二生肖 [shí' èr shēngxiào]", "十二属相 [shí' èr shǔ xiàng]"이라 한다. 자, 축, 인, 묘, 진, 사, 오, 미, 신, 유, 술, 해"를 어떻게 표현하는지 살펴보자.

| | | | |
|---|---|---|---|
| 鼠 | [shǔ] | (쥐) | (1948,1960,1972,1984) |
| 牛 | [niú] | (소) | (1949,1961,1973,1985) |
| 虎 | [hǔ] | (호랑이) | (1950,1962,1974,1986) |
| 兔 | [tù] | (토끼) | (1951,1963,1975,1987) |
| 龙 | [lóng] | (용) | (1952,1964,1976,1988) |
| 蛇 | [shé] | (뱀) | (1953,1965,1977,1989) |
| 马 | [mǎ] | (말) | (1954,1966,1978,1990) |
| 羊 | [yáng] | (양) | (1955,1967,1979,1991) |
| 猴 | [hóu] | (원숭이) | (1956,1968,1980,1992) |
| 鸡 | [jī] | (닭) | (1957,1969,1981,1993) |
| 狗 | [gǒu] | (개) | (1958,1970,1982,1994) |
| 猪 | [zhū] | (돼지) | (1959,1971,1983,1995) |

**

### 3 没(有) + 동사

"没"는 단독 혹은 "有"와 함께 동사 앞에 쓰여 동사를 부정한다. "没(有)+ 동사"의 형태는 아직 동작이 발생하지 않았거나 완성되지 않았음을 나타낸다.

예 今天我没(有)买报纸。
Jīntiān wǒ méi(yǒu) mǎi bàozhǐ.
| 오늘 나는 신문을 사지 않았다.

星期五她没(有) 上课。
Xīngqīwǔ tā méi(yǒu) shàngkè.
| 금요일에 그녀는 수업에 가지 않았다.

我没(有) 抽烟。这不是我的烟。
Wǒ méi(yǒu) chōuyān. Zhè búshì wǒ de yān.
| 나는 담배를 피우지 않는다. 이것은 나의 담배가 아니다.

### 4 听见、看见

"听"은 '듣다'라는 의미인데 뒤에 결과보어 "见"더해지면 '들리다, 들었다'라는 뜻이된다. "看"도 마찬가지로 "见"이 더해지면 "보이다, 보았다"는 의미가 된다.

예 我没 听见。
Wǒ méi tīngjiàn.
나는 듣지 못했다.

甲_ 你听，你能 听见 吗？
Nǐ tīng, nǐ néng tīngjiàn ma?
들어 봐, 너 들리니?

乙_ 能 听 见。
Néng tīng jiàn.
들려.

我没 看见。
Wǒ méi kànjiàn.
나는 보지 못했다.

甲_ 你看，那儿有一个人。
Nǐ kàn, nàr yǒu yí ge rén.
봐 봐, 저기에 사람이 있어.

乙_ 我看 见了。
Wǒ kàn jiàn le.
봤어.

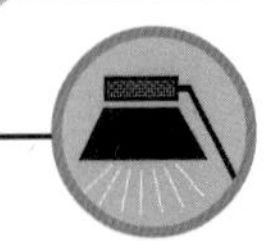

# 문형연습

## 1 보기와 같이 물음에 답하세요.

**보기**

甲 _ 你喜欢吃什么蔬菜?
Nǐ xǐhuan chī shénme shūcài?
| 당신은 무슨 야채를 좋아하세요?

乙 _ 我喜欢吃白菜、芹菜、西红柿。
Wǒ xǐhuān chī báicài,qíncài,xīhóngshì.
| 나는 배추, 미나리, 토마토를 좋아해요.

问 _ 他喜欢吃什么蔬菜?
Tā xǐhuan chī shénme shūcài?
| 그는 무슨 야채를 좋아합니까?

学生_ 他喜欢吃白菜、芹菜、西红柿。
Tā xǐhuān chī báicài, qíncài, xīhóngshì.
| 그는 배추, 미나리, 토마토를 좋아해요.

① 甲 _ 你最喜欢吃什么蔬菜?
Nǐ zuì xǐhuan chī shénme shūcài?

乙 _ 我最喜欢吃芹菜。
Wǒ zuì xǐhuan chī qíncài.

问 _ 她最喜欢吃什么蔬菜?
Tā zuì xǐhuan chī shénme shūcài?

学生 ________________________________。

② 甲 _ 你喜欢不喜欢吃胡萝卜?
Nǐ xǐhuan bù xǐhuan chī húluóbo?

乙 _ 我不喜欢吃胡萝卜。
Wǒ bù xǐhuan chī húluóbo.

问 _ 他喜欢不喜欢吃胡萝卜?
Tā xǐhuan bù xǐhuan chī húluóbo?

学生 ________________________________。

**보충단어**

- 蔬菜 [shū cài] 채소, 야채
- 白菜 [báicài] 배추
- 芹菜 [qíncài] 미나리, 샐러리
- 西红柿 [xīhóngshì] 토마토
- 胡萝卜 [húluóbo] 당근, 홍당무

**

③ 甲 _ 你最不喜欢吃什么蔬菜?
Nǐ zuì bù xǐhuan chī shénme shūcài?

乙 _ 我最不喜欢吃洋葱。
Wǒ zuì bù xǐhuan chī yángcōng.

问 _ 她最不喜欢吃什么蔬菜?
Tā zuì bù xǐhuan chī shénme shūcài?

学生 ____________________。

## 2 상대방의 인사에 답해보세요.

| 보 기 |

甲 _ 周末快乐!
Zhōumò kuàilè!
| 즐거운 주말되세요!

大家 _ 周末快乐!
Zhōumò kuàilè!
| 즐거운 주말되세요!

学生 _ 周末快乐!
Zhōumò kuàilè!
| 즐거운 주말되세요!

① 甲 _ 圣诞 快乐!
Shèngdàn kuàilè!

大家 ____________ 快乐!
____________ kuàilè!

学生 ____________。

② 甲 _ 新年 快乐!
Xīnnián kuàilè!

大家 ____________ 快乐!
____________ kuàilè!

学生 ____________。

보충단어

- 洋葱 [yángcōng] 양파
- 周末 [zhōumò] 주말
- 圣诞(节) [shèngdàn(jié)] 성탄(절)
- 新年 [xīnnián] 신년, 새해

# 호텔

호텔은 중국어로 "饭店 fàndiàn"이다.

우리가 한국에서 흔히 볼 수 있는 "~반점〈중국요리 식당〉"은 중국에서는 음식점이 아닌 호텔을 가리키는 말이다. 책을 파는 곳이 "书店 shūdiàn(서점)"이고 꽃을 파는 집이 "花店 huādiàn(꽃집)"이라면 식사를 하는 곳은 당연히 "饭店"이라고 여기기 쉬운데 이렇게 생각하면 오산이다. "饭店", "大饭店 dàfàndiàn"은 숙박을 위주로 하는 곳으로 확실히 "饭馆 fànguǎn(식당)"과는 크게 다르다. 또 "酒店 jiǔdiàn", "大酒店 dàjiǔdiàn"도 술을 파는 곳으로 생각하기 쉬운데 이곳 역시 호텔이다. "饭店"이나 "酒店"은 비교적 규모가 크면서 설비가 완비되어 있고 인테리어가 화려한 호텔을 의미한다.

일반적으로 여행객에게 머물 곳을 제공하는 곳으로 가격이 비교적 저렴한 곳은 "旅馆lǚguǎn" 혹은 "宾馆bīnguǎn"이 있다. "旅馆"과 "宾馆"을 비교해 보면"宾馆"이 규모나 시설면에서 크고 좋은 편이다. 그러나 어떤 곳에서는 호텔을 "宾馆"이라 부르기도 하는데 대표적인 곳이 바로 외국인에게 잘 알려져 있고 대도시마다 있는 "友谊宾馆Yǒuyí bīnguǎn우의호텔"과 "和平宾馆Hépíng bīnguǎn평화호텔"이다.

이러한 호텔의 등급은 국제적으로 통용되는 기준에 따라 정해진다.

# 二十 它很聪明。

Tā Hěn Cōngming.

아주 똑똑한 녀석이야.

## 핵심표현

**

1 **동시에 두 가지 일을 할 때**

**一边吃饭，一边聊天儿。**
Yìbiān chīfàn, yìbiān liáotiānr.
| 식사하면서 이야기를 한다.

### 새단어

- **它** [tā] 그, 그것 (동물, 사물에 쓰는 인칭대명사)
- **聪明** [cōngming] 똑똑하다, 총명하다
- **洗澡** [xǐzǎo] 목욕하다
- **总是** [zǒngshì] 늘, 줄곧, 언제나
- **干净** [gānjìng] 깨끗하다
- **习惯** [xíguàn] 습관
- **东西** [dōngxi] 물건, 생각
- **蔬菜** [shūcài] 야채, 채소
- **慢** [màn] 느리다
- **地** [de] 구조조사 (동사나 형용사를 수식하는 말 뒤에 붙음)
- **一边……一边** [yìbiān ~yìbiān] 한편으로 ~하면서, 한편으로는 ~하다.
- **聊天儿** [liáotiānr] 이야기(하다), 잡담(하다)

## 회화 **

습관에 대해 어떻게 이야기를 나누는지 살펴보자.

(팡쉐친의 집에서 띵루루는 리원룽을 소개 받는다.)

方雪芹 _ 我给你介绍个朋友，龙龙，我介绍一下，这是丁璐璐。
Wǒ gěi nǐ jièshào ge péngyou, lónglóng, Wǒ jièshào yíxià, zhè shì Dīng Lùlu.

李文龙 _ 你好！
Nǐ hǎo!

方雪芹 _ 这是李文龙。
Zhè shì Lǐ Wénlóng.

丁璐璐 _ 你好！(토끼를 넘겨받으며) 呀，可爱的小兔子！
Nǐ hǎo! Yā, kě'ài de xiǎo tùzi!

李文龙 _ 它也很聪明。它喜欢洗澡，总是很干净。
Tā yě hěn cōngming. Tā xǐhuan xǐzǎo, zǒngshì hěn gānjìng.

丁璐璐 _ 这个习惯真不错。
Zhèi ge xíguàn zhēn búcuò.

方雪芹 _ 它喜欢吃什么东西？
Tā xǐhuan chī shénme dōngxi?

李文龙 _ 蔬菜。它总是慢慢地吃。
Shūcài. Tā zǒngshì mànmān de chī.

方母 _ (주방에서 큰소리로)
雪芹，该吃饭了。
Xuěqín, gāi chīfàn le.

方雪芹 _ 哎。走吧，去吃饭，一边吃饭，一边聊天儿。
Āi. Zǒu ba, qù chīfàn, yìbiān chīfàn, yìbiān liáotiānr.

李文龙 _ 你妈妈也喜欢小动物吗？
Nǐ māma yě xǐhuan xiǎo dòngwù ma?

方雪芹 _ 喜欢。
Xǐhuan.

# 본문해설

**

## 1 总是

'늘, 언제나'라는 뜻이다.

예 这个商店 总是 很 晚 开门。
Zhèige shāngdiàn zǒngshì hěn wǎn kāimén.
| 이 상점은 언제나 늦게 문을 엽니다.

他总是很早起床。
Tā zǒngshì hěn zǎo qǐchuáng.
| 그는 언제나 일찍 일어납니다.

你不能总是不吃饭。
Nǐ bù néng zǒngshì bù chīfàn.
| 당신은 언제나 밥을 먹지 않을 수는 없습니다.

她的衣服总是很不干净 。
Tā de yīfu zǒngshì hěn bù gānjìng.
| 그녀의 옷은 언제나 깨끗하지 않습니다.

## 2 형용사의 중첩

"慢慢"처럼 어떤 단음절 형용사들은 중첩할 수 있는데 형용사의 중첩이 동사를 수식하는 경우 동작의 정도를 강조한다. 또, 이 형용사의 성조가 무엇이든 관계 없이 중첩 부분은 보통 모두 1성으로 읽는다. 동사 앞의 "地"는 생략할 수 있다.

예 我们有时间，你慢慢(地)走。
Wǒmen yǒu shíjiān, nǐ mànmān (de) zǒu.
| 우리들은 시간이 있으니 당신은 천천히 걸으세요.

你得好好(地)学习。
Nǐ děi hǎohāo (de) xuéxí.
| 당신은 열심히 공부해야 한다.

他总是早早地起床。
Tā zǒngshì zǎozāo de qǐchuáng.
| 그는 언제나 일찍 일어난다.

일부 이음절 형용사도 중첩이 가능하다. 이음절 동사의 중첩형식이 ABAB형식(练习练习)인데 반해 이음절 형용사의 중첩은 AABB의 형식을 취하며 다음과 같다.

예 干干净净 – 她的衣服总是干干净净的。
gāngān jìngjìng – Tā de yīfu zǒngshì gāngān jìngjìng de.
| 그녀의 옷은 언제나 깨끗하다.

快快乐乐 – 我小女儿快快乐乐地去上课。
kuàikuài lèlè – Wǒ xiǎo nǚ'ér kuàikuàilèlè de qù shàngkè.
| 내 딸은 즐겁게 수업에 갔다.

### 3 구조조사 地

동사 앞에 쓰여 그 앞에 있는 성분이 동사를 수식해주는 수식어임을 나타낸다. 이 때에 "地"는 "de"로 읽는다.

예 你得好好(地)学习。
Nǐ děi hǎohāo (de) xuéxí.
| 당신은 열심히 공부해야한다.

明天我得早早(地)起床。
Míngtiān wǒ děi zǎozāo (de) qǐchuáng.
| 내일 나는 일찍 일어나야 한다.

**

## 4 "一边……一边……"

'~하면서 ~하다'라는 뜻으로 두 가지 일을 동시에 하는 것을 나타낸다.

예 一边吃饭，一边聊天儿。
Yìbiān chīfàn, yìbiān liáotiānr.
| 밥을 먹으면서 이야기 한다.

他一边看 报，一边喝茶。
Tā yìbiān kàn bào, yìbiān hē chá.
| 그는 신문을 보며, 차를 마신다.

我一边做饭，一边听 英语。
Wǒ yìbiān zuòfàn, yì biān tīng Yīngyǔ.
| 나는 밥을 지으면서 영어를 듣는다.

一边走一边看书 不是 好习惯。
Yìbiān zǒu yìbiān kànshū búshì hǎo xíguàn.
| 걸으면서 책을 보는 것은 좋은 습관이 아니다.

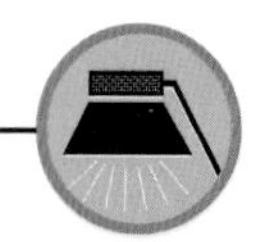

# 문형연습

## 1 보기와 같이 물음에 답하세요. ("总是" 사용)

| 보기 |

甲 _ 那个商店的 东西 总是 很 便宜。
Nèige shāngdiàn de dōngxi zǒngshì hěn piányi.
| 그 상점의 물건은 언제나 쌉니다.

问 _ 她说什么?
Tā shuō shénme?
| 그녀는 뭐라고 말했습니까?

学生 _ 她说 那个商店的 东西 总是 很 便宜。
Tā shuō nàge shāngdiàn de dōngxi zǒngshì hěn piányi.
| 그녀는 그 상점의 물건이 언제나 싸다고 말했습니다.

① 甲 _ 我们 的 办公室 总是 有 很 多 人。
Wǒmen de bàngōngshì zǒngshì yǒu hěn duō rén.

问 _ 他 说 什么?
Tā shuō shénme?

学生 _ 他说 ________________。
Tā shuō ________________.

② 甲 _ 小赵的 衣服 总是 很 脏。
XiǎoZhào de yīfu zǒngshì hěn zāng.

问 _ 她 说 什么?
Tā shuō shénme?

学生 _ 她说 ________________。
Tā shuō ________________.

③ 甲 _ 我 儿子 总是 喜欢 喝 冷饮。
Wǒ érzi zǒngshì xǐhuan hē lěngyǐn.

问 _ 他 说 什么?
Tā shuō shénme?

学生 _ 他说 ________________。
Tā shuō ________________.

보충단어

- **脏**
  [zāng]
  더럽다,
  불결하다

**

## 2 보기와 같이 문장을 완성하세요. (“一边……一边” 사용)

| 보 기 |

甲 _ 我 一边 吃饭 一边 看 电视。
Wǒ yìbiān chīfàn yìbiān kàn diànshì.
| 나는 밥을 먹으면서 텔레비전을 본다.

学 生_ 他 一边 吃饭 一边 看 电视。
Tā yìbiān chīfàn yìbiān kàn diànshì.
| 그는 밥을 먹으면서 텔레비전을 본다.

① 甲 _ 我 一边看 报纸 一边 听音乐。
Wǒ yìbiān kàn bàozhǐ yìbiān tīng yīnyuè.

学 生_ 他 ______________________。
Tā ______________________.

② 甲 _ 我 一边画画儿一边听音乐。
Wǒ yìbiān huà huàr yìbiān tīng yīnyuè.

学 生_ 她 ______________________。
Tā ______________________.

③ 甲 _ 我 一边做作业 一边看电视。
Wǒ yìbiān zuò zuòyè yìbiān kàn diànshì.

学 生_ 他 ______________________。
Tā ______________________.

**보충단어**

- **音乐** [yīnyuè] 음악
- **画** [huà] (그림을) 그리다
- **画儿** [huàr] 그림
- **作业** [zuòyè] 작업, 숙제

# 도시교통

근래에 중국의 도시교통은 급속한 발전을 보았다.

버스는 여전히 도시교통의 핵심으로 운행노선이 점차 확대되어가고 있다. 많은 도시에서 이미 도시 내 운행에서 외곽 운행까지 확장되었다.

버스의 차종도 과거 단일 차종에서 다목적 서비스를 제공하는 다양한 차종으로 변화하여 일반 버스, 이층 버스, 침대 버스, 차 두 대를 연결한 버스, 전차 버스 등 종류도 매우 다양하다. 시내 버스 요금은 보통 1위엔 정도 하는데 버스 종류나 구간마다 다르며, 우리의 옛날 차장처럼 요금을 받는 사람이 따로 있다. 에어컨이 설치되어 있는 버스는 일반 버스보다 약간 비싸지만 사람들에게 저렴하게 여름 더위를 식힐 수 있게 해주어 사랑을 받고 있다.

'미니버스'는 '손을 흔들면 서고, 가까운 곳에 하차할 수 있다'는 이유로 사람들에 보편적으로 인기를 끌고 있다. 또 중요한 대중교통 수단인 지하철은 많은 사람들이 이용할 수 있을 뿐 아니라 신속하고 정확하게 목적지에 다다를 수 있다는 이점 때문에 사람들에게 인기를 끌고 있다. 현재 베이징, 상하이, 광저우 등 몇몇 도시에서 이미 지하철이 개통되었고 기타 다른 대도시에서도 지하철 건설을 계획 중이다.

본문

# 해석

문형연습

# 해답

# 본문해석

## 1 你好!

팡쉐친 : 안녕하세요.
류 부장 : 안녕하세요.
팡쉐친 : 저는 팡쉐친이라고 합니다.
류 부장 : 당신을 환영합니다.
(비서 양리가 들어온다)
류 부장 : (팡쉐친에게 소개해 준다) 그녀는 양리라고 합니다.
팡쉐친 : 안녕하세요! 저는 팡쉐친이라고 합니다.
양 리 : 안녕하세요! 환영합니다.

## 2 这是小方。

류 부장 : 이 사람은 샤오 팡입니다.
팡쉐친 : 여러분 안녕하세요! 저는 팡쉐친이라고 합니다.
모 두 : 환영합니다!
류 부장 : 이 사람은 라오 짜오입니다.
짜오텐휘 : 안녕하세요! 저는 짜오텐휘라고 합니다.
팡쉐친 : 안녕하세요!
류 부장 : 그는 텐홍깡이라고 합니다.
텐홍깡 : 안녕하세요!

## 3 您贵姓?

팡쉐친 : 안녕하세요!
비 서 : 안녕하세요!
팡쉐친 : 저는 왕 부장님을 찾는데요.
비 서 : 아가씨 성함이 어떻게 되시죠?
팡쉐친 : 제 성은 팡이고 이름은 쉐친이라고 합니다.
비 서 : Miss 팡 잠시 기다리세요.
(비서가 부장님실에 전화한다)
비 서 : 왕 부장님 팡쉐친 씨가 찾는데요.
미스 팡, 들어가세요.
(팡쉐친이 부장님실로 들어간다)
팡쉐친 : 왕 부장님 안녕하세요.
왕 부장 : 안녕하세요! 앉으세요.

## 4 谢谢你!

비 서 : 차 드세요.
팡쉐친 : 고마워요!
비 서 : 별말씀을요.
(이야기 중에 왕 부장에게 전화가 걸려온다)
왕 부장 : 안녕하세요!
비 서 : 왕 부장님 바이 선생님이 찾으십니다.
왕 부장 : 좀 기다리세요.
(왕 부장이 전화기를 내려놓자, 팡쉐친이 몸을 일으키며 작별인사를 한다)
팡쉐친 : 왕 부장님 저 가봐야 겠는데요.
왕 부장 : 그러세요. 미스 팡 잘가요.
팡쉐친 : 또 뵙겠습니다.

## 5 请问，这是方雪芹家吗?

리원롱 : 죄송합니다.
행 인 : 괜찮습니다.
리원롱 : 실례합니다만 여기가 2동 인가요?
행 인 : 아니요. 여긴 5동인데요. (멀리 저쪽을 가리키며 ) 저쪽이 2동입니다.
리원롱 : 감사합니다.
행 인 : 별말씀을요.
(리원롱이 건물 안으로 들어가서 203호

의 초인종을 누르자 팡쉐친의 어머니가 문을 연다)

리원룽 : 안녕하세요! 실례합니다 여기가 팡쉐친씨 댁인가요?

팡쉐친의 어머니(이하 '어머니'로함) : 예.

## 6 你叫什么名字?

리원룽 : 실례합니다, 그녀는 집에 있나요?

어머니 : 집에 있어요. 당신은....?

리원룽 : 저는 그녀의 친구입니다.

어머니 : 들어오세요.

리원룽 : (팡쉐친의 아버지께(이하 '아버지'로 함) 안녕하세요!

아버지 : 안녕하세요! 앉으세요.
(팡쉐친의 어머니가 팡쉐친을 부르러 간다)

어머니 : 쉐친 --

팡쉐친 : 예
(팡쉐친이 나오자 리원룽이 일어선다)

팡쉐친 : 앉아.

아버지 : 차 마셔요.

리원룽 : 감사합니다.

어머니 : 이름이 뭐예요?

팡쉐친 : 제가 소개할게요, 여기는 리원룽 씨고 이쪽은 저의 아버지와 어머니예요.

리원룽 : 백부, 백모님 안녕하세요!

## 7 最近你忙不忙?

띵루루 : 하이, 쉐친!

팡쉐친 : 루루, 어서 들어와!
(띵루루가 들어와 앉자 팡쉐친이 묻는다)

팡쉐친 : 뭐 마실래, 차 아니면 콜라?

띵루루 : 콜라 마실게.
(팡쉐친이 콜라를 들고 온다)

팡쉐친 : 요즘 바쁘니?

띵루루 : 나 매우 바빠. 너는?

팡쉐친 : 나도 매우 바빠.

## 8 他是哪国人?

팡쉐친 : 그들은 모두 나의 친구야.

띵루루 : (한 외국 청년을 가리키며) 그는 어느 나라 사람이니?

팡쉐친 : 그는 미국사람이야. (한 여자를 가리키며) 이 사람은 그의 여자친구야.

띵루루 : (사진속의 리원룽을 가리키며) 그는 누구니?

팡쉐친 : 그도 나의 친구야.

띵루루 : 그의 이름은 뭐니?

팡쉐친 : 리원룽이라고 해.

띵루루 : 그가 너의 남자친구니?

팡쉐친 : (웃으면서) 몰라.

## 9 你有没有时间?

양 리 : 여보세요, 안녕하세요!

리원룽 : 안녕하세요! 실례지만 팡쉐친 씨 있나요?

양 리 : 있어요. 잠시 기다리세요.(팡쉐친에게 수화기를 건네주며) 쉐친, 니 전화야.

팡쉐친 : 고마워요! (수화기를 건네받고) 여보세요, 안녕하세요!

리원룽 : 쉐친, 나 원룽이야. 오늘 바쁘니?

팡쉐친 : 안 바빠.

리원룽 : 저녁에 시간 있니?

팡쉐친 : 시간 있어.

## 10 一起吃饭好吗?

리원룽 : 저녁에 같이 식사하는 거 어때?
팡쉐친 : 좋아. 몇 시에 만날까?
리원룽 : 몇 시에 퇴근해?
팡쉐친 : 6 시.
리원룽 : 6 시 10 분에 내가 너 데리러 갈게. 어때?
팡쉐친 : 좋아. 안녕.
리원룽 : 안녕.

## 11 天龙公司在哪儿?

팡쉐친 : 좋은 아침!
짜오톈훠 : 좋은 아침! 오늘 우리 함께 톈롱회사에 가죠.
팡쉐친 : 톈롱회사 여기에서 멀어요?
짜오톈훠 : 아주 멀어요.
팡쉐친 : 어디에 있는데요?
짜오톈훠 : 이화원 부근에 있어요.(지도를 가리 키며) 봐요, 여기예요.
팡쉐친 : 지금 가나요?
짜오톈훠 : 지금 가요.
팡쉐친 : 좋아요.

## 12 不用谢。

팡쉐친 : 조금 기다리세요.
짜오톈훠 : 그래요.
팡쉐친 : (안내원에게 묻는다) 실례지만, 화장실이 어디에요?
안내원 : 저기에요. 엘리베이터 맞은 편에 있습니다.
팡쉐친 : 감사합니다.
안내원 : 천만에요.
(짜오톈훠가 안내원에게 묻는다.)
짜오톈훠 : 실례지만, 부장실은 어디입니까?
안내원 : 앞쪽에 있어요. 회의실 옆이 바로 부장실입니다.
짜오톈훠 : 감사합니다.
안내원 : 천만에요.

## 13 星期五晚上我得上课。

리원룽 : 금요일 저녁에 모임 있는데 너 시간 있니?
팡쉐친 : 금요일 저녁? 난 수업에 가야 해.
리원룽 : 수업? 무슨 수업?
팡쉐친 : 영어 수업.
리원룽 : 영어 수업을 한다고?
팡쉐친 : 응, 영어 회화 수업이야. 나 영어 회화를 좀 연습을 하고 싶거든.
리원룽 : (약간 불만스러운 듯이)
아주 잘 됐네.
팡쉐친 : (위로하며) 토요일 저녁에 같이 있어 줄게, 괜찮지?

## 14 你每星期上几次课?

리원룽 : 매주 몇 번이나 수업하니?
팡쉐친 : 두 번. 금요일 저녁하고 일요일 오전이야.
리원룽 : 한번에 몇 시간이나 하니?
팡쉐친 : 한번에 3 시간씩이야.
리원룽 : 몇 주일이나 해야 되는데?
팡쉐친 : 10 주.
리원룽 : 선생님은 중국사람이야 아니면 외국사람이야?

팡쉐친 :　두 선생님 모두가 캐나다 사람이야.

## 15 这是昨天的报纸。

아버지 :　(어머니에게) 나 신문 사러 가요.
아버지 :　오늘이 몇 월 몇 일이지?
어머니 :　오늘 9 월 1 일이예요.
아버지 :　(신문을 보며 혼자말로 중얼거린다) 8 월 31 일자 군.
어머니 :　이것은 어제의 신문이네요.
아버지 :　상관없어요. (신문 판매원을 향해) 얼마예요?
판매원 :　5 마오입니다.
아버지 :　(또 한 부는 뽑아들고) 이건 얼마예요?
판매원 :　이것은 1 위엔입니다.

## 16 苹果多少钱一斤?

어머니 :　사과는 한 근에 얼마입니까?
과일 판매원 : 1 위엔 8 지아오입니다.
어머니 :　오렌지는요?
과일 판매원 : 2 위엔 5 지아오요.
아버지 :　망고는 한 근에 얼마입니까?
과일 판매원 : 12 위엔입니다.
어머니 :　사과 두 근하고 오렌지 두 근 주세요. (과일 판매원이 과일을 저울에 단다)
어머니 :　모두 얼마예요?
과일판매원 :　모두 8 위엔 6 지아오입니다.
아버지 :　왜 망고는 사지 않소?
어머니 :　망고는 너무 비싸요.

## 17 你想吃什么?

리원롱 :　나 배고파.
팡쉐친 :　밥 먹으로 가자.
리원롱 :　그래. 너, 사천요리 먹고 싶니 아니면 광동요리 먹고 싶니?
팡쉐친 :　둘 다 먹고 싶지 않아.
리원롱 :　뭐 먹고 싶은데?
팡쉐친 :　만두, 나 쇠고기 만두 먹고 싶어.
리원롱 :　쇠고기 만두가 맛있니?
팡쉐친 :　아주 맛있어, 가서 먹어보자.
리원롱 :　그래, 가자.

## 18 请结账。

리원롱 :　너 만두 몇 량이나 먹을 수 있니?
팡쉐친 :　난 세 량은 먹을 수 있어.
리원롱 :　나는 반근 먹을래. (종업원에게) 쇠고기 만두 여덟 량 주세요.
리원롱 :　너 뭐 마시고 싶니?
팡쉐친 :　나 광천수 마실래.
리원롱 :　(종업원에게)광천수 한 병하고, 맥주 한 병 주세요.
(음식을 다 먹고 난 후에)
팡쉐친 :　네가 느끼기에 쇠고기 만두 어땠어?
리원롱 :　괜찮았어, 아주 맛있던데.
팡쉐친 :　계산하자.
리원롱 :　그래. (종업원에게) 아가씨, 계산서 주세요.

## 19 生日快乐!

리원롱 : 생일 축하해!

팡쉐친 : 고마워!

리원롱 : (뒤에 감춘 토끼 한 마리를 꺼내들고) 자, 새로운 친구를 너에게 줄게.

팡쉐친 : 정말 귀엽다!

리원롱 : 너는 어떤 동물을 가장 좋아하니?

팡쉐친 : 난 토끼띠니까 당연히 토끼를 가장 좋아하지.

리원롱 : 용은 좋아하니?

팡쉐친 : (쑥스러워하며)네가 토끼에게 물어봐.

리원롱 : 토끼야, 너 용 좋아하니? 들어봐 토끼가 '좋아해'라고 말했어.

팡쉐친 : (더욱 부끄러워 하며) 나는 듣지 못했어.

## 20 它很聪明。

팡쉐친 : 너에게 친구 한 명 소개해 줄게. 롱롱, 내가 소개할게. 이쪽은 띵루루야.

리원롱 : 안녕하세요!

팡쉐친 : 이쪽은 리원롱이야.

띵루루 : 안녕하세요! (토끼를 넘겨 받으며) 야, 귀여운 토끼네!

리원롱 : 얘는 아주 똑똑해요. 목욕을 좋아해서 늘 깨끗하고요.

띵루루 : 그거 정말 좋은 습관이네요.

팡쉐친 : 얘는 어떤 음식을 잘 먹어요?

리원롱 : 채소요. 얘는 항상 천천히 먹어요.

어머니 : (주방에서 큰 소리로) 쉐친아, 밥 먹어라.

팡쉐친 : 예. 밥 먹으러 가자. 밥 먹으면서 얘기하자.

리원롱 : 너희 엄마도 애완동물 좋아하시니?

팡쉐친 : 좋아하셔.

# 1

① (1) 팡쉐송 : 여러분 안녕하세요!
저는 팡쉐송이라고 합니다.
학 생 : 그는 팡쉐송입니다.
他叫方雪松。

(2) 팡쉐친 : 저의 오빠는 팡쉐송이라고 합니다.
학 생 : 그녀의 오빠는 팡쉐송입니다.
她哥哥叫方雪松。

(3) 팡쉐송 : 저의 여동생은 팡쉐친이라고 합니다.
학 생 : 그의 여동생은 팡쉐친입니다.
他妹妹叫方雪芹。

(4) 어머니 : 이쪽은 저의 아들과 딸입니다.
학 생 : 이쪽은 그녀의 아들과 딸입니다.
这是她儿子和女儿。

어머니 : 저의 아들은 팡쉐송이라고 합니다.
학 생 : 그녀의 아들은 팡쉐송입니다.
她儿子叫方雪松。

어머니 : 저의 딸은 팡쉐친이라고 합니다.
학 생 : 그녀의 딸은 팡쉐친입니다.
她女儿叫方雪芹。

② (1) 팡쉐송 : 여러분 안녕하세요!
저는 팡쉐송이라고 합니다.
학 생 : 환영합니다. 팡쉐송 씨!
欢迎你，方雪松！

(2) 갑, 을 : 여러분 안녕하세요!
학 생 : 여러분을 환영합니다.
欢迎你们！

(3) 갑 : 이 분은 류 부장 입니다.
학 생 : 라오 류, 안녕하세요. 당신을 환영합니다.
老刘，你好！欢迎你！

(4) 을 : 이 사람은 양리입니다.
학 생 : 샤오 양, 안녕하세요！ 당신을 환영합니다.
小杨，你好！欢迎你！

(5) 짜오텐휘 : 저는 짜오텐휘라고 합니다.
학 생 : 라오 짜오 안녕하세요! 당신을 환영합니다!
老赵，你好！欢迎你！

(6) 을 : 그는 텐홍깡이라고 합니다
학 생 : 샤오 텐 , 안녕하세요! 당신을 환영합니다!
小田，你好！欢迎你！

## 2

① (1) 팡쉐친 : 이분은 저의 어머니입니다.
학 생 : 이분은 그녀의 어머니입니다.
这是她妈妈。

(2) 팡쉐친 : 이분은 저의 아버지와 어머니입니다.
학 생 : 이분은 그녀의 아버지와 어머니입니다.
这是她爸爸和妈妈。

(3) 팡쉐친 : 이 사람은 저의 오빠입니다.
학 생 : 이 사람은 그녀의 오빠입니다.
这是她哥哥。

(4) 팡쉐친 : 저는 그의 여동생입니다.
학 생 : 그녀는 그의 여동생입니다.
她是他妹妹。

② (1) 팡 모 : 이 사람은 저의 아들입니다.
학 생 : 이 사람은 그녀의 아들입니다.
这是她儿子。

(2) 팡 모 : 이쪽은 저의 아들과 딸입니다.
학 생 : 이쪽은 그녀의 아들과 딸입니다.
这是她儿子和女儿。

(3) 팡 모 : 이 사람은 라오 팡이고 그는 저의 남편입니다.
학 생 : 그는 그녀의 남편입니다.
他是她的丈夫。

(4) 팡 모 : 저는 그의 아내입니다.
학 생 : 그녀는 그의 아내입니다.
她是他妻子 。

# 3

① (1) 请坐。 앉으세요
(2) 请进。 들어오세요.
(3) 请喝茶。 차 드세요.
(4) 请吃水果。 과일 드세요.

② (1) 我找刘经理。
(2) 请稍等。
(3) 您贵姓?
(4) 我姓王，叫王学。

# 4

① (1) 갑 : 나는 잠을 자야겠다.
학생 : 그녀는 잠을 자야한다.
**她该睡觉了。**

(2) 갑 : 네가 밥을 해야겠다.
을 : 제가 밥을 해야겠어요.
학생 : 그녀는 밥을 해야한다.
**她该做饭了。**

(3) 갑 : 나는 밥 먹어야 겠다.
학생 : 그는 밥 먹어야 한다.
**他该吃饭了。**

(4) 아내 : 당신 출근해야죠.
남편 : 출근해야지.
학생 : 그는 출근해야한다.
**他该上班了。**

(5) 아내 : 나도 출근해야 겠어요 .
학생 : 그녀도 출근해야한다.
**她也该上班了。**

(6) 모두 : 우리 퇴근해야 겠다.
학생 : 그들은 퇴근해야한다.
**她们该下班了。**

(7) 엄마 : 너 수업 받으러 가야지.
아들 : 저 수업 받으러 가야겠어요.
학생 : 그는 수업 받으러 가야한다.
**他该上课了。**

(8) 갑 : 수업을 마쳐야겠다.
을 : 수업을 마쳐야겠다.
학생 : 그들은 수업을 마쳐야한다.
**他们该下课了。**

# 5

① (1) 팡쉐친 : 이곳은 제 아버님의 서재입니다.
학 생 : 이곳은 팡쉐친 아버지의 서재입 니다.
这是方雪芹爸爸的书房。

(2) 팡쉐친 : 여기가 저의 침실입니다.
학 생 : 여기는 팡쉐친의 침실입니다.
这是方雪芹的卧室。

(3) 팡쉐친 : 저기는 우리집 화장실입니다.
학 생 : 저기는 팡쉐친의 집 화장실입니다.
那是方雪芹家的卫生间。

(4) 팡쉐친 : 여기는 우리집 발코니입니다.
학 생 : 여기는 팡쉐친의 집 발코니입니다.
这是方雪芹家的阳台。

② (1) 갑 : 실례지만, 성함이 어떻게 되십니까?
을 : 저는 왕슈여우라고 합니다.
학 생 : 그는 왕슈여우입니다.
他叫王书友。

(2) 갑 : 실례지만, 이것들은 당신의 책입니까?
을 : 예, 저의 책입니다.
학 생 : 이것들은 그의 책입니다.
这些是她的书。

(3) 갑 : 그것들은 당신의 바지입니까?
을 : 아니요, 그것들은 저의 형 바지입니다.
학 생 : 그것들은 그의 바지가 아니고,
그의 형 바지입니다.
那些不是他的裤子，是他哥哥的裤子。

(4) 갑 : 실례지만, 그것들은 당신의 옷입니까?
을 : 아니요, 그것들은 제 옷이 아니고 제 여동생의 치마입니다.
학생 : 그것들은 그녀의 옷이 아니고, 그녀 여동생의 치마입니다.
**那些不是她的衣服，是她妹妹的裙子。**

(5) 갑 : 실례지만 저기가 당신의 집입니까?
을 : 아니요, 저기는 팡쉐친의 집입니다.
학생 : 저기는 팡쉐친의 집입니다 .
**那是方雪芹的家。**

# 6

① (1) 갑 : 팡쉐친의 아버지는 집에 있습니까?
을 : 예, 그는 거실에 있습니다.
질문 : 팡쉐친의 아버지는 집에 있습니까?
학생 : 예, 팡쉐친의 아버지는 거실에 있습니다.
**在，方雪芹的爸爸在客厅。**

(2) 갑 : 팡쉐친의 어머니는 집에 있습니까?
을 : 예, 그녀는 주방에 있습니다.
질문 : 팡쉐친의 어머니는 집에 있습니까?
학생 : 예,팡쉐친의 어머니는 주방에 있습니다.
**在，方雪芹的妈妈在厨房。**

② (1) **王先生在吗？**
(2) **你叫什么名字？**
(3) **我介绍一下。**
(4) **请你介绍一下。**

# 7

① (1) 갑 : 뭐 마실래요, 콜라요 아니면 요구르트요?
을 : 고맙습니다. 저 찬음료는 안 마셔요,
차 마실게요 .

학생 : 그녀는 찬음료는 안 마시므로 차를 마신다.

她不喝冷饮，她喝茶。

(2) 갑 : 너 아이스크림 먹을래 아니면 요구르트 마실래?

을 : 나 아이스크림 먹을래.

학생 : 그는 아이스크림을 먹는다.

他吃冰激凌。

② (1) 학생 : 뭐 마실래요? 콜라 아니면 요구르트?

你喝什么，可乐还是酸奶?

을 : 저는 찬음료는 안 마셔요, 차 마실께요.

(2) 학생 : 뭐 드실래요? 아이스크림 먹을래요 아니면 요구르트 마실래요?

你吃冰激凌还是喝酸奶?

을 : 저는 아이스크림을 먹겠어요.

③ (1) 학생 : 목 말라요?(목마르다)

你渴不渴?

을 : 저는 목이 마릅니다. 당신은요?

학생 : 저도 목이 마릅니다.(도)

我也很渴。

질문 : 그들은 목이 마릅니까?

학생 : 그들은 모두 목이 마릅니다.(모두)

他们都很渴。

(2) 학생 : 당신은 피곤합니까?(피곤하다)

你累不累?

을 : 저는 매우 피곤합니다. 당신은요?

학생 : 저도 피곤합니다.(또한)

我也很累。

질문 : 그들은 피곤합니까?

학생 : 그들은 모두 피곤합니다.(모두)

他们都很累。

# 8

① (1) 질문 : 그녀는 누구입니까?
팡쉐친 : 그녀는 나의 동료입니다.
학생 : 그녀는 팡쉐친의 동료입니다.
她是方雪芹的同事。

(2) 질문 : 그녀는 누구입니까?
팡쉐친 : 그녀는 나의 동창입니다.
학생 : 그녀는 팡쉐친의 동창입니다.
她是方雪芹的同学。

(3) 질문 : 그는 누구입니까?
팡쉐친 : 그는 나의 남자 친구입니다.
학생 : 그는 팡쉐친의 남자 친구입니다.
他是方雪芹的男朋友。

② (1) 갑 : 당신은 어느 나라 사람입니까?
을 : 저는 중국 사람입니다.
질문 : 그는 어느 나라 사람입니까?
학생 : 그는 중국 사람입니다.
他是中国人。

(2) 갑 : 당신은 어느 나라 사람입니까?
을 : 저는 일본 사람입니다.
질문 : 그는 어느 나라 사람입니까?
학생 : 그는 일본 사람입니다.
他是日本人。

# 9

① (1) 갑 : 당신은 형이 몇 명 있습니까?
을 : 저는 형이 한 명 있습니다.
질문 : 그는 형이 몇 명 있습니까?
학생 : 그는 형이 한 명 있습니다.
他有一个哥哥。

(2) 갑 : 당신은 누나가 있습니까?
을 : 아니오, 저는 누나가 없습니다.
질문 : 그는 누나가 있습니까?
학생 : 그는 누나가 없습니다.
他没有姐姐。

(3) 갑 : 당신은 여동생이 있습니까?
을 : 네. 저는 여동생이 있습니다.
질문 : 그녀는 여동생이 있습니까?
학생 : 네.그녀는 여동생이 있습니다.
有，她有妹妹。

(4) 갑 : 당신은 여동생이 몇 명 있습니까?
을 : 저는 여동생이 한 명 있습니다.
질문 : 그녀는 여동생이 몇 명 있습니까?
학생 : 그녀는 여동생이 한 명 있습니다.
她有一个妹妹。

(5) 갑 : 당신은 남동생이 있습니까?
을 : 아니오. 저는 남동생이 없습니다.
질문 : 그는 남동생이 있습니까?
학생 : 아니오.그는 남동생이 없습니다.
没有，他没有弟弟。

## 10

① (1) 갑 : 당신은 몇 시에 출근합니까?
을 : 저는 오전 9 시에 출근합니다.
질문 : 그녀는 몇 시에 출근합니까?
학생 : 그녀는 오전 아홉시에 출근합니다.
她上午九点上班。

(2) 갑 : 당신은 몇 시에 점심을 먹습니까?
을 : 저는 12 시 반에 먹습니다.
질문 : 그녀는 몇 시에 점심을 먹습니까?
학생 : 그녀는 12 시 반에 점심을 먹습니다.
**她中午十二点半吃饭。**

(3) 갑 : 당신은 몇 시에 퇴근합니까?
을 : 저는 오후 6 시에 퇴근합니다.
질문 : 그녀는 몇 시에 퇴근합니까?
학생 : 그녀는 오후 여섯 시에 퇴근합니다.
**她下午六点下班。**

② (1) 갑 : 같이 점심 먹으러 가자, 어때?
을 : 그래 좋아.
질문 : 그들은 같이 점심 먹으러 갑니까?
학생 : 그들은 같이 점심 먹으러 갑니다.
**是，他们一起去吃午饭。**

(2) 갑 : 같이 저녁 먹으러 가자?
을 : 고맙지만 못 가겠다. 나 시간이 없어.
질문 : 그들은 같이 저녁 먹으러 갑니까?
학생 : 아니요. 그들은 저녁 먹으러 가지 않습니다.
**不，他们不去吃晚饭。**

③ (1) **早上六点半（三十分）**
(2) **上午九点一刻（十五分）**
(3) **中午十二点半（三十分）**
(4) **下午五点一刻（十五分）**
(5) **晚上十一点半（三十分）**

④ (1) 학생 : 이 상점은 몇 시에 문을 엽니까? (문을 열다)
**这个商店几点开门?**
대답 : 오전 8 시 30 분.

학생 : 이 상점은 몇 시에 문을 닫습니까? (문을 닫다)

**这个商店几点关门?**

대답 : 저녁 9 시.

(2) 학생 : 이 상점은 몇시에 문을 엽니까? (문을 열다)

**这个商店几点开门?**

답 : 오전 9 시.

학생 : 이 상점은 몇시에 문을 닫습니까? (문을 닫다)

**这个商店几点关门?**

답 : 저녁 9 시 30 분.

# 11

① (1) 갑 : 난징은 샹하이에서 멉니까?

을 : 멀지 않습니다. 아주 가깝습니다.

질문 : 난징은 샹하이에서 멉니까?

학생 : 난징은 샹하이에서 멀지 않고 아주 가깝습니다.

**南京离上海不远，南京离上海挺近的。**

(2) 갑 : 광저우는 베이징에서 멉니까?

을 : 매우 멉니다.

질문 : 광저우는 베이징에서 멉니까?

학생 : 광저우는 베이징에서 멉니다.

**广州离北京很远。**

(3) 갑 : 시안은 베이징에서 멉니까?

을 : 시안은 베이징에서도 아주 멉니다.

질문 : 시안은 베이징에서 멉니까?

학생 : 시안은 베이징에서 아주 멉니다.

**西安离北京也挺远的。**

② (1) 갑 : 은행은 어디에 있습니까?

을 : 은행은 상점 옆에 있습니다.

질문 : 은행은 어디에 있습니까?

**银行在商店旁边。**

(2) 갑 : 병원은 어디에 있습니까?
을 : 병원은 은행 맞은편 학교 옆에 있습니다.
질문 : 병원은 어디에 있습니까?
학생 : 은행 맞은편 학교 옆에 있습니다.
医院在银行对面，学校旁边。

(3) 갑 : 당신은 어디에 있습니까?
을 : 저는 여기 상점 앞에 있습니다.
질문 : 그는 어디에 있습니까?
학생 : 그는 거기 상점 앞에 있습니다.
他在那儿，在商店前边。

(4) 갑 : 당신 앞쪽에 있는 사람은 누구입니까?
을 : 제 앞쪽에 있는 사람은 제 어머니입니다 .
질문 : 그의 앞쪽에 있는 사람은 누구입니까?
학생 : 그의 앞쪽에 있는 사람은 그녀의 어머니입니다.
他前边是她妈妈。

(5) 갑 : 당신의 뒤쪽에 있는 사람은 누구입니까?
을 : 제 뒤쪽에 있는 사람은 저의 아버지입니다.
질문 : 그의 뒤쪽에 있는 사람은 누구입니까?
학생 : 그의 뒤쪽에 있는 사람은 그녀의 아버지입니다.
他后边是她爸爸。

# 12

① (1) 갑 : 병원은 어디에 있습니까?
을 : 은행 서쪽, 학교 남쪽에 있습니다.
질문 : 병원은 어디에 있습니까?
학생 : 병원은 은행 서쪽, 학교 남쪽에 있습니다.
医院在银行西边，学校南边。

(2) 갑 : 우체국은 어디에 있습니까?
을 : 우체국은 학교 동쪽 상점 북쪽에 있습니다.
질문 : 우체국은 어디에 있습니까?
학생 : 우체국은 학교 동쪽 상점의 북쪽에 있습니다.
邮局在学校东边，商店北边。

③ (1) 方雪芹的公司在医院北边。

(2) 卫生间在办公室对面。

(3) 医院在商店旁边。

(4) 赵天会家在天龙公司附近。

# 13

① (1) 갑 : 어제는 무슨 요일입니까?

을 : 어제는 월요일입니다.

질문 : 어제는 무슨 요일입니까?

학생 : 어제는 월요일입니다.

昨天星期一。

(2) 갑 : 그제는 무슨 요일입니까?

을 : 그제는 일요일입니다.

질문 : 그제는 무슨 요일니까?

학생 : 그제는 일요일입니다.

前天星期天。

(3) 갑 : 내일은 무슨 요일입니까?

을 : 내일은 수요일입니다.

질문 : 내일은 무슨 요일입니까?

학생 : 내일은 수요일입니다.

明天星期三。

(4) 갑 : 모레는 무슨 요일입니까?

을 : 모레는 목요일입니다.

질문 : 모레는 무슨 요일입니까?

학생 : 모레는 목요일입니다.

后天星期四。

② (1) 갑 : 당신은 내일 무슨 수업을 듣습니까?

을 : 저는 내일 한자 수업을 듣습니다.

질문 : 그는 내일 무슨 수업을 듣습니까?

학생 : 그는 내일 한자 수업을 듣습니다.

他明天上汉字课。

(2) 갑: 이번 주에 중국어 수업이 있습니까??
을: 이번 주에 중국어 수업 없습니다.
질문: 그는 이번 주에 중국어 수업이 있습니까?
학생: 그는 이번 주에 중국어 수업이 없습니다.
**他这个星期没有汉语课。**

(3) 갑 : 이번 주에 일본어 수업이 있습니까?
을 : 이번 주에 일본어 수업이 없고 다음 주에 있습니다.
질문 : 그녀는 이번 주에 일본어 수업이 있습니까?
학생 : 이번 주에 그녀는 일본어 수업이 없고 다음 주에 있습니다.
**这个星期她没有日语课，下个星期她有日语课。**

## 14

① (1) 갑 : 당신은 매일 중국어로 말을 합니까?
을 : 예, 저는 매일 중국어로 말을 합니다.
질문 : 그는 매일 중국어로 말을 합니까?
학생 : 네.그는 매일 중국어로 말을 합니다.
**对，他每天说汉语。**

(2) 갑 : 당신은 매일 한자를 씁니까?
을 : 예, 저는 매일 한자를 씁니다.
질문 : 그는 매일 한자를 씁니까?
학생 : 네.그는 매일 한자를 씁니다.
**对，他每天写汉字。**

(3) 갑 : 당신은 매번 몇 시간 동안 한자를 씁니까?
을 : 저는 매번 한 시간 동안 씁니다.
질문 : 그는 매번 몇 시간 동안 한자를 씁니까?
학생 : 그는 매번 한 시간 동안 한자를 씁니다.
**他每次写一个小时汉字。**

(4) 갑 : 당신 매주 영어수업에 옵니까?
을 : 예, 나는 매주 영어수업에 옵니다.

질문 :　그는 매주 영어수업에 옵니까?
학생 :　그는 매주 영어수업에 옵니다.
**对，他每星期都来上英语课**。

## 15

① (1) 갑 :　같이 영화 보러 가는 거 어때요?
을 :　좋아요. 몇 일자 영화예요?
갑 :　11월 3일요.
질문 :　그들은 몇 일자 영화를 봅니까?
학생 :　그들은 11월 3일자 영화를 봅니다.
**她们十一月三号看电影。**

(2) 갑 :　당신은 몇 일에 영화를 봅니까?
을 :　나는 21일에 영화를 봅니다.
질문 :　그는 몇 일에 영화를 봅니까?
학생 :　그는 21일에 영화를 봅니다.
**他看二十一号的电影**。

(3) 갑 :　지금 몇 일자 영화표가 있나요?
을 :　12월1일, 2일, 3일 영화표 모두 있어요. 몇 일자 표를 사시겠어요?
갑 :　1일 것으로 주세요.
질문 :　그는 몇 일자 표를 샀습니까?
학생 :　그는 1일 것을 샀습니다.
**他买十二月一号的电影票**。

## 16

① (1) 갑 :　실례지만, 이 치마는 하나에 얼마입니까?
을 :　168 위엔입니다.
학생 :　저 치마는 하나에 얼마입니까?
**那裙子多少钱一条**?
을 :　168 위엔입니다.

(2) 갑 : 그 바지는 하나에 얼마입니까?
을 : 145 위엔입니다.
학생 : 그 바지는 하나에 얼마입니까?
那裤子多少钱一条?
을 : 하나에 145 위엔입니다.

(3) 갑 : 이 책은 한 권에 얼마입니까?
을 : 23 위엔 6 마오 입니다.
질문 : 저 책은 한 권에 얼마입니까?
那书多少钱一本?
학생 : 한 권에 23 콰이(위엔)6 마오입니다.

(4) 갑 : 이 펜은 한 자루에 얼마입니까?
을 : 4 콰이(위엔)5 마오입니다.
질문 : 저 펜은 한 자루에 얼마입니까?
那笔多少钱一支?
학생 : 한 자루에 4 위엔 5 마오입니다.

② (1) 갑 : 당신은 왜 그 바지를 입지 않습니까?
을 : 그 바지는 너무 낡았습니다.
질문 : 그녀는 왜 그 바지를 입지 않습니까?
학생 : 그 바지는 너무 낡았습니다.
那条裤子太旧了。

(2) 갑 : 당신은 왜 그 옷을 사지 않습니까?
을 : 그 옷은 너무 큽니다.
질문 : 그는 왜 그 옷을 사지 않습니까?
학생 : 그 옷은 너무 큽니다.
那件衣服太大了。

(3) 갑 : 당신들은 왜 305 호 교실에서 수업을 하지 않습니까?
을 : 305 호실은 너무 작습니다.
질문 : 그들은 왜 305 호 교실에서 수업하지 않습니까?
학생 : 305 호실은 너무 작습니다.
305 教室太小了。

## 17

① (1) 갑 : 당신도 소고기면을 먹고 싶습니까?
을 : 아니요. 저는 볶음밥을 먹고 싶습니다, 계란볶음밥요.
질문 : 그녀는 무엇을 먹고 싶어합니까?
학생 : 그녀는 계란볶음밥을 먹고 싶어합니다.
她想吃鸡蛋炒饭。

(2) 갑 : 당신은 밥을 먹고 싶습니까 아니면 면을 먹고 싶습니까?
을 : 저는 둘 다 먹고 싶지 않습니다.
갑 : 당신은 무엇을 먹고 싶습니까?
을 : 저는 양고기 만두를 먹고 싶습니다.
질문 : 그녀는 무엇을 먹고 싶어합니까?
학생 : 그녀는 양고기만두를 먹고 싶어합니다.
她想吃羊肉饺子。

(3) 갑 : 당신은 무엇을 먹고 싶습니까?
을 : 나는 소고기면, 양고기만두, 계란볶음밥 모두 먹고 싶습니다.
질문 : 그는 무엇을 먹고 싶어합니까?
학생 : 소고기면, 양고기만두, 계란볶음밥을 모두 먹고 싶어합니다.
牛肉面、羊肉饺子、鸡蛋炒饭他都想吃。

## 18

① (1) 갑 : 당신은 무슨 술을 마시고 싶습니까. 맥주요 아니면 백주요?
을 : 저는 포도주를 마시고 싶습니다.
질문 : 그는 무슨 술을 마시고 싶어합니까?
학생 : 그는 포도주를 마시고 싶어합니다.
他想喝葡萄酒。

(2) 갑 : 당신 무엇을 마시고 싶습니까?
을 : 저는 주스를 마시고 싶습니다.
질문 : 그녀는 무엇을 마시고 싶어합니까?
학생 : 그녀는 주스를 마시고 싶어합니다.
她想喝果汁儿。

(3) 갑 : 당신은 무슨 주스를 마시고 싶습니까, 오렌지주스요 아니면 사과주스요?
을 : 저는 오렌지주스를 마시고 싶습니다.
질문 : 그녀는 무슨 주스를 마시고 싶어합니까?
학생 : 그녀는 오렌지주스를 마시고 싶어합니다.
**她想喝橙汁儿。**

(4) 갑 : 당신은 무엇을 마시고 싶습니까, 술요 아니면 주스요?
을 : 저는 둘 다 마시고 싶지 않아요. 탕을 마시고 싶은데요.
질문 : 그녀는 무엇을 먹고 싶어합니까?
학생 : 그녀는 탕을 마시고 싶어합니다.
**她想喝汤。**

② (1) 갑 : 당신이 느끼기에 백주는 어땠습니까?
을 : 맛이 별로예요.
질문 : 그녀는 백주를 어떻게 생각합니까?
학생 : 별로라고 생각합니다.
**她觉得不好喝。**

(2) 갑 : 당신은 그 영화가 어땠습니까?
을 : 저는 그 영화가 아주 재미있었습니다.
질문 : 그가 느끼기에 그 영화는 어땠습니까?
학생 : 그가 느끼기에 그 영화는 아주 재미있었습니다.
**他觉得那个电影很有意思。**

(3) 갑 : 당신이 보기에 이 치마는 어떻습니까?
을 : 제가 보기에 아주 예쁜데요.
질문 : 그녀는 그 치마가 어떻다고 생각합니까?
학생 : 그녀는 그 치마가 예쁘다고 생각합니다.
**她觉得那条裙子很好看。**

## 19

① (1) 갑 : 당신은 무슨 채소를 가장 좋아합니까?
을 : 저는 미나리를 가장 좋아합니다.
질문 : 그녀는 무슨 채소를 가장 좋아합니까?
학생 : 그녀는 미나리를 가장 좋아합니다.
**她最喜欢吃芹菜。**

(2) 갑 : 당신은 당근을 좋아합니까?
을 : 저는 당근을 싫어합니다.
질문 : 그는 당근을 좋아합니까?
학생 : 그는 당근을 싫어합니다.
他不喜欢吃胡萝卜。

(3) 갑 : 당신은 무슨 채소를 제일 싫어합니까?
을 : 나는 양파를 제일 싫어합니다.
질문 : 그녀는 무슨 채소를 제일 싫어합니까?
학생 : 그녀는 양파를 제일 싫어합니다.
她最不喜欢吃洋葱。

② (1) 갑 : 기쁜 성탄되세요!
모두들 : 기쁜 성탄되세요!
圣诞快乐!

학생 : 기쁜 성탄되세요!
圣诞快乐!

(2) 갑 : 새해 복 많이 받으세요.
모두들 : 새해 복 많이 받으세요!
新年快乐!

학생 : 새해 복 많이 받으세요!
新年快乐!

## 20

① (1) 갑 : 우리 사무실에는 언제나 사람이 많습니다.
질문 : 그는 뭐라고 말했습니까?
학생 : 그는 그들의 사무실에는 언제나 사람이 많다고 말했습니다.
他说他们的办公室总是有很多人。

(2) 갑 : 샤오 쟈오의 옷은 항상 더럽습니다.
질문 : 그녀는 뭐라고 말했습니까?
학생 : 그녀는 샤오 쟈오의 옷은 항상 더럽다고 말했습니다.
她说小赵的衣服总是很脏。

(3) 갑 : 제 아들은 항상 찬음료를 즐겨 마십니다.

질문 : 그는 뭐라고 말했습니까?

학생 : 그는 자기 아들이 항상 찬음료를 즐겨마신다고 얘기했습니다.

他说他儿子总是喜欢喝冷饮。

② (1) 갑 : 저는 신문을 보면서 음악을 듣습니다.

학생 : 그는 신문을 보면서 음악을 듣습니다.

他一边看报纸一边听音乐。

(2) 갑 : 저는 그림을 그리면서 음악을 듣습니다.

학생 : 그녀는 그림을 그리면서 음악을 듣습니다.

她一边画画儿一边听音乐。

(3) 갑 : 저는 숙제를 하면서 텔레비전을 봅니다.

학생 : 그는 숙제를 하면서 텔레비전을 봅니다.

他一边做作业一边看电视。